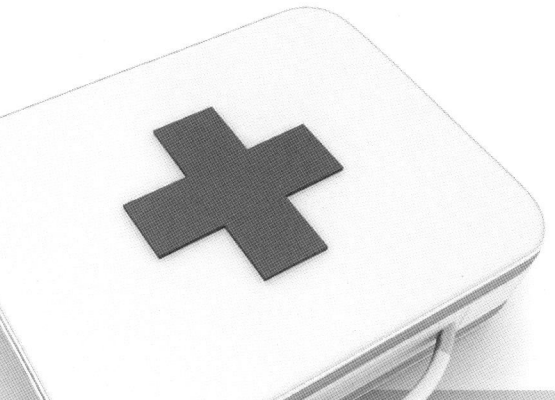

Peter Jansen

Erste-Hilfe-Koffer
Unterrichtsstörungen beseitigen

To-dos, Checklisten, Vorlagen

Mit veränderbaren
Materialien auf CD-ROM

Herausgeber und Autor
Dr. Peter Jansen war Deutschlehrer und Schulleiter eines Gymnasiums; er arbeitet u. a. in der Lehrerfortbildung, als Privatdozent für Didaktik der deutschen Sprache und Literatur an der Universität Hamburg und als Schulbuchautor.

Projektleitung: Dorothee Weylandt, Berlin
Redaktion: Marion Clausen, Berlin
Umschlaggestaltung: Claudia Adam, Graphic-Design, Darmstadt
Umschlagillustration: © Yahia LOUKKAL – Fotolia
Layout/technische Umsetzung: Julia Walch, Bad Soden

www.cornelsen.de

Nicht in allen Fällen war es uns möglich, die Rechteinhaber ausfindig zu machen. Berechtigte Ansprüche werden selbstverständlich im Rahmen der üblichen Vereinbarungen abgegolten. Wir bitten um Verständnis.

Die Links zu externen Webseiten Dritter, die in diesem Titel angegeben sind, wurden vor Drucklegung sorgfältig auf ihre Aktualität geprüft. Der Verlag übernimmt keine Gewähr für die Aktualität und den Inhalt dieser Seiten oder solcher, die mit ihnen verlinkt sind.

1. Auflage 2014

© 2014 Cornelsen Schulverlage GmbH, Berlin

Das Werk und seine Teile sind urheberrechtlich geschützt.
Jede Nutzung in anderen als den gesetzlich zugelassenen Fällen bedarf der vorherigen schriftlichen Einwilligung des Verlages. Hinweis zu den §§46, 52a UrhG: Weder das Werk noch seine Teile dürfen ohne eine solche Einwilligung eingescannt und in ein Netzwerk eingestellt werden. Dies gilt auch für Intranets von Schulen und sonstigen Bildungseinrichtungen.

Druck: orthdruk, Bialystok, Polen

ISBN 978-3-589-16318-2

 Inhalt gedruckt auf säurefreiem Papier aus nachhaltiger Forstwirtschaft.

INHALT

VORWORT — 5

PROBLEMANALYSE — 8
Was wissen wir über Unterrichtsstörungen? — 8
Kriterien eines „guten" Unterrichts — 8
Kriterien einer „guten" Klassenführung — 10
Wie kann man mit Unterrichtsstörungen umgehen? — 10
Unterrichtsstörungen aus dem Blick der pädagogischen Psychologie — 11
Unterrichtsstörungen aus dem Blick einer kommunikativen Didaktik — 13
Literatur — 14

TO-DO-LISTEN — 15
To-do-Liste 1: Sofortmaßnahmen — 15
To-do-Liste 2: Diagnostische Aufgaben — 18
To-do-Liste 3: Interventives Handlungsprogramm — 25
To-do-Liste 4: Präventives Handlungsprogramm — 33

WERKZEUGKASTEN — 41

Sofortmaßnahmen
M1 Akute Unterrichtsstörungen — 41
M2 Kurzanalyse einer Unterrichtsstörung — 42

Diagnostische Aufgaben
M3 Der erste Schritt zur Souveränität: Selbstdiagnose — 43
M4 Die eigene Position bestimmen — 46
M5 SWOT-Analyse — 47
M6 Der zweite Schritt zur Souveränität: Fremdbeobachtung — 48
M7 Der dritte Schritt zur Souveränität: Schülerfeedback — 50

Interventives Handlungsprogramm
M8 Professionalisierung — 55
M9 Konsequenz — 56
M10 Klarheit von Erwartungen — 58
M11 Kommunikation — 59
M12 Selbsteinschätzung zur Empathie — 62
M13 Deeskalationsstrategien — 65
M14 Den eigenen Unterricht überprüfen und verändern — 66
M15 Das Störverhalten als Signal verstehen — 68
M16 Benachrichtigung der Eltern über ein Konfliktklärungsgespräch — 70
M17 Konfliktklärungsgespräch mit den Eltern — 71

Präventives Handlungsprogramm

M18	Mein Verhaltensrepertoire	73
M19	Classroom-Management	74
M20	Kriterien für Klassenregeln	75
M21	Entwicklungs- und Planungsgespräch mit Schülern	77
M22	Zielvereinbarungen	79

EVALUATION 80

VORWORT

Hilfe, mein Unterricht wird gestört!

Geht es Ihnen auch so? Machen Sie manchmal oder häufiger die Erfahrung, dass in einigen Klassen kaum zu unterrichten ist, weil die Jungen laut sind, die Mädchen miteinander schwätzen und viele Schülerinnen und Schüler ohnehin lustlos im Unterricht herumsitzen? Auch wenn es kein Trost ist: **Unterrichtsstörungen gehören für alle Lehrerinnen und Lehrer zum Alltagsgeschäft.** Neben der zeitlichen Dauerbelastung durch Korrekturen sind sie die zweitwichtigsten Stressfaktoren des Lehrerlebens. Das Wissen, dass Sie nicht alleine betroffen sind, ist noch keine Lösung des Problems, aber es könnte Ihre leidvollen Erfahrungen relativieren und besonders Ihren Umgang mit Unterrichtsstörungen etwas entkrampfen. Zugegeben: Es gibt in der Tat einige Schülerinnen und Schüler, die wirklich nicht schulreif sind oder ernsthafte (Entwicklungs-)Störungen haben. Aber für diese (wenigen!) Fälle benötigen nicht Sie die Hilfen, sondern diese Schülerinnen und Schüler müssen professionell durch Psychologen und Verhaltenstherapeuten unterstützt werden.

Um diese Fälle geht es in diesem Buch nicht, sondern um die vielen kleinen und größeren und besonders um die **andauernden Unterrichtsstörungen** wie Unaufmerksamkeit und Schwatzen, Gerangel und Rumzappeln, fehlendes Arbeitsmaterial oder nicht gemachte Hausaufgaben, um unangemessenes oder gar undiszipliniertes Verhalten von Schülern. Diese Unterrichtsstörungen sind es, die den Schulalltag bisweilen schwer machen.

Wir wollen Ihnen helfen, Unterrichtsstörungen differenziert wahrzunehmen und auf mögliche Ursachen hin zu analysieren; denn nur über eine differenzierte Wahrnehmung und Ursachenanalyse kommen Sie zu einer richtigen Therapie. Zur differenzierten Wahrnehmung gehört bisweilen ein **Perspektivwechsel**.

Ein kleines Beispiel soll dies verdeutlichen: Nicht selten treten im Unterricht Störungen auf, die scheinbar gar nicht mit Ihrem Unterricht zusammenhängen. Solche Störungen liegen z. B. vor, wenn die Lerngruppe (Klasse/Kurs) oder auch einzelne Schüler noch nicht gelernt haben, sozialverträglich und selbstreguliert zu arbeiten. Wenn solche Störungen auftreten, macht es wenig Sinn, seinen Unterricht einfach „durchzuziehen" – etwa mit dem Hinweis auf die Stofffülle des Lehrplans – und die Schüler aufzufordern, mit den Störungen gefälligst aufzuhören, ja, sich auf einen Machtkampf einzulassen. Die alte Perspektive ist: Die Schüler stören den Unterricht. Also müssen die sich verändern. Die neue Perspektive ist: Die Schüler stören den Unterricht. **Wofür sind diese Störungen ein Anzeichen?**

Nun hat die Unterrichtsforschung in vielfältigen Studien herausgefunden, dass in der Mehrzahl der Fälle Unterrichtsstörungen durch den Unterricht selbst verursacht werden. Das scheint zunächst keine gute Nachricht zu sein. Denn es ist für das eigene Wohlbefinden nun einmal schöner, wenn man die Unterrichtsstörungen zum Beispiel auf mangelnde Disziplin bei den Schülern zurückführen kann. Was in der Praxis auch nicht selten gemacht wird: Die sind für Unterricht viel zu undiszipliniert!

Die neue, von der Unterrichtsforschung vorgeschlagene Perspektive wäre die Frage: Wie kann ich den Schülern helfen, in meinem Unterricht erfolgreich mitzuarbeiten? So wird plötzlich deutlich, dass diese Perspektive gar nicht so neu ist; denn sie greift eine alte pädagogische Einsicht auf, die Schüler (im Unterricht) dort abzuholen, wo sie stehen, somit meinen Unterricht im Blick auf die konkreten Schüler zu ändern.

Die Ergebnisse der Unterrichtsforschung sind auf den zweiten Blick gar keine schlechte, sondern letztlich eine gute Nachricht für Sie; denn wenn die Störungen mehrheitlich durch den Unterricht selbst und durch die Art seiner Durchführung verursacht werden, dann haben **Sie es selbst in der Hand**, Unterrichtsstörungen zu beeinflussen, einzudämmen und vielleicht sogar zu verhindern. Im anderen Fall müssten Sie alle anderen verändern – die Kinder, die Eltern, die Schule, die Gesellschaft. Das wäre schwieriger. Wenn die Unterrichtsforschung Recht hat, dann liegt es entscheidend bei Ihnen selbst, was Sie an sich und Ihrem Unterricht und an Ihrem Umgang mit Schülern verändern wollen, damit Unterrichtsstörungen entweder von Ihnen nachhaltig beseitigt werden oder Sie professioneller damit umgehen.

Diese Blickrichtung wird auch durch die außerordentlich umfangreiche Studie von Hattie (2009, überarbeitete deutsche Fassung 2013) bestätigt. Aus ihr geht eindeutig hervor, dass die **Lehrer mit den stärksten Einfluss auf das Lernen haben**. Sie können Lernprozesse in Gang setzen, die den Schülern Sinn und bedeutungsvolle Erfahrungen beim Lernen verschaffen. Lehrer stellen einen grundlegenden Faktor für das Gelingen von Unterricht dar, damit auch für Unterrichtsstörungen und besonders für deren (nachhaltige) Beseitigung. Grundlegender Faktor zu sein, bedeutet jedoch nicht, allein den Lehrer für das Gelingen des Unterrichts bzw. für Unterrichtsstörungen verantwortlich zu machen. Dafür ist Unterricht viel zu komplex.

So wenig wie Lehrer das Lernen ihrer Schüler *einfach anschalten* können, so wenig können sie auch Unterrichtsstörungen *einfach abschalten*. Aber Lehrer können neben *präventiven* Maßnahmen auch *diagnostische* Fähigkeiten einsetzen, um die Signale der Unterrichtsstörungen zu verstehen, und nicht zuletzt auch *interventive* Fähigkeiten erwerben, um die Situation zu bereinigen.

Wenn Sie dies lernen wollen, dann nutzen Sie unsere verschiedenen Arbeitsprogramme, die Ihnen dabei helfen können. Dabei geht es um keine rückwärtsgewandte Schuldfrage, sondern um eine **nach vorne blickende Lösungsorientierung**. Wir möchten Sie als Lehrer und/oder als Person keineswegs umkrempeln oder gar von Ihnen verlangen, dass Sie einen perfekten Unterricht machen. Vielmehr wollen wir Ihnen einige Verhaltens- und Handlungsmöglichkeiten zeigen, die praktikabel und effektiv sind, aber die vorrangig Sie – *Ihr* Verhalten, *Ihre* Einstellungen und *Ihre* Handlungen – betreffen. Wir wollen Sie bei Unterrichtsstörungen **handlungsfähig** machen!

Dafür haben wir folgende Kapitel erarbeitet: Nach diesem **VORWORT** stellen wir Ihnen die wichtigsten pädagogischen und didaktisch-methodischen Reflexionen und Ergebnisse zu Unterrichtsstörungen gleichsam in einem Kurzlehrgang vor.

Diese knappe **PROBLEMANALYSE** können Sie aber auch überspringen und gleich mit den **TO-DO-LISTEN** beginnen und die ersten Arbeitsschritte tun.

Wie Sie vorgehen, hängt davon ab, wie viel Zeit Sie haben und wie drängend Ihr Problem mit Unterrichtsstörungen ist. Allerdings empfehlen wir Ihnen, die Analyse im Laufe des Schuljahres doch noch zu lesen; dabei fallen Ihnen vielleicht einige Dinge auf, die Sie in Zukunft anders machen oder gar weglassen wollen, oder es wird Ihnen erst richtig klar, warum bestimmte Arbeitsschritte so wichtig sind.

Weil wir Ihnen möglichst konkret helfen wollen, bieten wir Ihnen mit den To-do-Listen **Arbeitsprogramme** an, die sich in der Praxis bewährt haben. Folgen Sie den Listen Schritt für Schritt und lernen Sie dabei alle wichtigen Möglichkeiten und Tätigkeiten, wie Sie Unterrichtsstörungen beseitigen bzw. professionell mit ihnen umgehen können. Sie können dann sicher sein, dass Sie die wesentlichen Dinge bedacht haben. Wenn sich bei den vorgeschlagenen Arbeitsschritten in Ihrer Praxis für Sie eine andere Reihenfolge ergibt, die Ihnen stimmiger erscheint, dann probieren Sie diese aus. Der Erfolg gibt Ihnen Recht. Andernfalls können Sie immer wieder auf die hier vorgeschlagene Schrittfolge zurückkommen.

Manche Schritte und Aufgaben beim Umgang mit Unterrichtsstörungen sind komplex oder ungewohnt, z.B. Beobachtungen (Fremd- und Selbstbeobachtung), Verhaltensschritte, Checklisten, Musterplanungen, Gesprächsanleitungen, Einladungen usw. Aber keine Sorge! Im **WERKZEUGKASTEN** finden Sie hilfreiche Hinweise, Muster, Kopiervorlagen usw., die Ihre Arbeit erleichtern sollen, jeweils zu einem Thema zusammengestellt. Diese Materialien sind durchnummeriert (M1, M2, M3 usw.); diese Kennzeichnungen tauchen als Verweise an den passenden Stellen in den To-do-Listen auf, damit Sie schnell das Benötigte finden. Auf den Seiten des Werkzeugkastens sehen Sie oben auf einen Blick, welche Materialien hier abgedruckt sind.

Zusätzlich sind viele Vorlagen aus dem Werkzeugpool auf der beiliegenden **CD-ROM** in Word abgespeichert, sodass Sie diese Vorlagen für Ihre Bedürfnisse und auf Ihre Bedingungen hin selbst verändern können. Unter den Bezeichnungen M1, M2 usw. finden Sie schnell die Materialien zu den entsprechenden Themen. Unser Angebot ist umfangreich, damit möglichst jeder findet, was er oder sie persönlich im konkreten Berufsalltag braucht. Greifen Sie also nicht wahllos auf den Werkzeugkasten zurück, sondern prüfen Sie, was Sie tatsächlich benötigen.

Wir wollen Ihnen aber nicht nur *sofort* helfen, sondern gerade auch mittelfristig und *nachhaltig*, damit Sie beim nächsten Mal bereits wissen, was und wie es getan werden muss, was tunlichst unterlassen werden sollte, was sich bewährt hat oder nicht. Von daher möchten wir Sie im letzten Kapitel zur **EVALUATION** anregen.

Ihr Einsatz lohnt sich!

Es ist ungemein wohltuend für Ihre Schüler wie für Sie, wenn der Unterricht möglichst wenig gestört wird. Damit ist nicht gemeint, dass in jeder Klasse immer alles prima läuft und keine Störungen vorkommen. So geht es in keiner Schule zu. Aber wenn Sie gelernt haben, bei der Planung und bei der konkreten Durchführung Ihres Unterrichts darauf zu achten, dass möglichst kein oder nur wenig Störpotential vorhanden ist, werden Sie mit den restlichen Unterrichtsstörungen erheblich professioneller umgehen können.

Wir möchten Ihnen **Mut machen**, sich das Verhaltens- und Handlungsrepertoire anzueignen, das Ihnen dabei hilft, und Ihnen **konkrete Hilfen anbieten**, wie Sie diese Aufgabe meistern können.

Viel Erfolg!

November 2013
Peter Jansen

Es sind selbstverständlich stets beide Geschlechter gemeint, auch wenn der besseren Lesbarkeit wegen nur eine Form verwendet wird.

PROBLEMANALYSE

Was wissen wir über Unterrichtsstörungen?

Obwohl Unterrichtsstörungen täglich in (fast) jedem Unterricht vorkommen, findet man in gegenwärtigen erziehungswissenschaftlichen Lexika (z. B. von Beltz, Klinkhardt, Oldenbourg) „Unterrichtsstörung" nicht als Suchbegriff. Auch unter „Unterricht" taucht der Begriff nicht auf. Man könnte beinahe auf den Gedanken kommen, dass Unterrichtsstörungen in der Praxis marginal und von daher für die Schulpädagogik eher unwichtig sind. Dabei beschäftigt sich die Schulpädagogik seit vielen Jahren intensiv mit der Frage, was einen guten Unterricht auszeichnet und wie er in der Praxis realisiert werden kann. Aber ist damit etwa gemeint, dass in einem guten Unterricht keine Störungen vorkommen? Gibt es so etwas wie die Eins-zu-Eins-Umsetzung wissenschaftlicher Erkenntnisse (auch wenn sie auf empirischen Befunden beruhen) in die konkrete Praxis? Frei nach dem Motto: Wenn du die Kriterien eines guten Unterrichts (nach Helmke, nach Meyer) bei deiner Planung beachtest, wird dein Unterricht gut sein, dann gibt es keine Störungen!

Und wenn doch Störungen auftreten: War dann die Planung schlecht oder liegt es an der fehlenden Disziplin der Schüler? Je nach Sichtweise (und Antwort) wird dann die Praxis als vom Lehrer schlecht geplanter Unterricht oder als Disziplinproblem der Schüler beurteilt.

Die Unterrichtsforschung zeigt jedoch, dass Interaktion und Kommunikation im Unterricht hochkomplex und damit schlicht immer störanfällig sind. Bei Unterrichtsstörungen lassen sich folgende Faktoren unterscheiden:

— Lehrer
— Schüler
— Unterricht
— Situation
— System

Diese Faktoren sind nicht voneinander unabhängig, sondern vielfach miteinander verbunden, wobei dem Faktor Lehrer dabei paradoxerweise die höchste Bedeutung zukommt. Zwar könnte man in einer unvermittelten Perspektive zu der Feststellung gelangen: Unterrichtsstörungen werden von Schülern begangen. Und von dort aus zu der Schlussfolgerung kommen: Also sind sie der Faktor mit der höchsten Bedeutung. Aus pädagogischer Sicht allerdings wird deutlich, dass der Lehrer den Unterricht plant, den Unterricht durchführt, die Kommunikation und Interaktion mit den Schülern wesentlich beeinflusst, wenn nicht sogar gestaltet, die situativen Bedingungen beachten und sogar verändern und auf die Bedingungen des Systems großen Einfluss nehmen kann. Fast alle Wege und Mittel zur Beseitigung oder gar Verhinderung von Unterrichtsstörungen sind somit maßgeblich mit dem Lehrer verknüpft.

Kriterien eines „guten" Unterrichts

Ein gut geplanter und selbst ein gut durchgeführter Unterricht sind noch keine Garantie für einen ungestörten Unterricht, dazu ist – wie gesagt – dieser ein zu komplexes Gebilde. Aber eine gute Planung und besonders die gute Durchführung machen Unterrichtsstörungen unwahrscheinlicher. Allerdings neigt die Pädagogik dazu, das Scheitern pädagogischer Bemühungen theoretisch auszublenden. Von daher sollten Sie auf die empirisch nachgewiesenen Gütekriterien von Unterricht achten.

In der folgenden Tabelle hat Andreas Helmke diese Kriterien nach Hilbert Meyer (2004), der Bayerischen Qualitätsagentur (ISB 2005) und aus eigener Sicht (Helmke 2006) einander gegenübergestellt:

Meyer 2004	**ISB Bayern 2005**	**Helmke 2006**
Klare Strukturierung des Unterrichts	Strukturiertheit	Strukturiertheit, Klarheit, Verständlichkeit
Hoher Anteil echter Lernzeit	Klassenführung	Effiziente Klassenführung
Lernförderliches Klima	Unterrichtsklima	Lernförderliches Unterrichtsklima
Inhaltliche Klarheit	Zielorientierung	Ziel-, Wirkungs- und Kompetenzorientierung
Sinnstiftendes Kommunizieren	Individuelle Unterstützung/ Fördermaßnahmen	Schülerorientierung, Unterstützung
Methodenvielfalt	Variabilität der Unterrichtsformen	Angemessene Variation von Methoden und Sozialformen
Individuelles Fördern	Selbstständiges Lernen	Förderung aktiven, selbstständigen Lernens
Intelligentes Üben	Lernerfolgssicherung	Konsolidierung, Sicherung, intelligentes Üben
Vorbereitete Umgebung/ Transparente Leistungserwartungen	Motivierung/Leistungserhebungen: Klarheit, Transparenz, Lehrstoffbezug	Vielfältige Motivierung/ Passung: Umgang mit heterogenen Lernvoraussetzungen

Tabelle „Fachübergreifende Merkmale der Unterrichtsqualität" aus: Andreas Helmke und Friedrich-Wilhelm Schrader, Lehrerprofessionalität und Unterrichtsqualität. In: Schulmagazin 5-10, Heft 9/2006, S. 5-12, hier: S. 8, Oldenbourg Schulbuchverlag GmbH, München

So wichtig diese Kriterien für einen guten Unterricht sind, so wenig garantieren sie jedoch einen ungestörten Unterricht: Störungsfreier Unterricht ist eine pädagogische Fiktion! Aber aus diesen Kriterien lassen sich für die Handlungsprogramme in den folgenden To-do-Listen einige präventive und sogar interventive Maßnahmen ableiten.

Kriterien einer „guten" Klassenführung

In ihrer grundlegenden Studie zur Klassenführung haben Ludwig Haag und Doris Streber (2012) drei unverzichtbare Aufgaben der Klassenführung herausgestellt:

- **Kommunikation im Unterricht**
  Lehrer müssen die Lehr-Lern-Prozesse didaktisch anleiten und als solche durchführen. Dabei geht es darum, dass die Schüler ihre Ansichten äußern und prüfen, sich in einer sachbezogenen Kommunikation mit anderen eine Meinung bilden und ihre Argumente im kommunikativen Umgang erproben können. Das Vorbild des Lehrers gerade in diesem Bereich ist unverzichtbar, wenn der Schüler Einsicht in eine verständigungsorientierte Kommunikation gewinnen soll. Dies bedeutet auch, dass der Lehrer eigene Emotionen (z. B. Verärgerungen bei Unterrichtsstörungen) bewusst so kontrolliert, dass eine Kommunikation erhalten bleibt. Auch wenn eine verständigungsorientierte Kommunikation prinzipiell von der Gleichwertigkeit der Kommunikationspartner und von der Gegenseitigkeit der Interaktion ausgeht, so muss der Lehrer stets darauf bedacht sein, in seinem Wissen um die Belastungen im Schulalltag eine solche Distanz zum Schüler einzuhalten, dass er sich nicht durch Unterrichtsstörungen persönlich verletzt fühlt.

- **Organisation von Unterricht**
  Damit ist die Aufgabe verknüpft, dass Lehrer die Lernumgebungen und die Lernprozesse vorstrukturieren, vielfältige didaktische Überlegungen anstellen und Entscheidungen treffen. Dazu gehört auch, dass der Lehrer Möglichkeiten selbstregulierten Lernens schafft, die eine immer größere Autonomie des Schülers verwirklichen.

- **Regulation von Unterricht**
  Damit ist die Aufgabe verknüpft, Unterrichtsstörungen zu beseitigen, z. B. dadurch, dass Lehrer die Lerndisziplin der Schüler herstellen und garantieren. Dazu sind vielfältige interventive, besonders aber präventive Maßnahmen wichtig, wie z. B. das Einführen klarer Regeln, die als Basis für einen wirkungsvollen Lehr-Lern-Prozess dienen können.

Aus diesen drei Handlungsdimensionen kann man zwei Aufgabenbereiche mit Blick auf Unterrichtsstörungen in besonderer Weise anführen: die Persönlichkeitsentwicklung des Lehrers und die Herstellung einer Feedback-Kultur über den Unterricht.
Auch aus diesen Kriterien der Klassenführung lassen sich für die Handlungsprogramme, die wir Ihnen mit den To-do-Listen anbieten, verschiedene präventive und auch interventive Maßnahmen ableiten.

Wie kann man mit Unterrichtsstörungen umgehen?

Unterrichtsstörungen treten in der Schulpraxis bei den betroffenen Akteuren, den Lehrern und den Schülern/Eltern, schnell unter der Perspektive der Schuldzuweisung auf. An Unterrichtsstörungen sind dann entweder – aus Sicht der Lehrer – die Schüler schuld, weil sie undiszipliniert, frech, faul usw. sind, oder es sind – aus Sicht der Schüler/Eltern – die Lehrer schuld, weil sie aus Inkompetenz oder Faulheit keinen guten Unterricht machen und die Klasse schlecht führen. Solche Schuldzuweisungen führen nur zu Verärgerungen und in keinem Fall zu einer positiven Veränderung!

Der Schulpsychologe Gustav Keller hat in seinem Buch „Disziplinmanagement in der Schulklasse" (2012) in beeindruckender Weise darauf hingewiesen, dass „das Klagelied vom undisziplinierten Schüler" sich wie ein roter Faden durch die Schulgeschichte zieht – schon festgehalten auf einer babylonischen Tontafel von ca. 1.000 v. Chr.: „Die heutige Jugend ist von Grund auf verdorben, sie ist böse, gottlos und faul" bis hin zu Buebs heftig diskutierter Auffassung, dass die Kinder und Jugendlichen heute nicht mehr erzogen werden und sich deshalb undiszipliniert verhalten. Und von daher plädiert Bueb dann für eine „vorbehaltlose Anerkennung von Autorität und Disziplin" (2006, S. 11).

Schuldzuweisungen oder Forderungen lösen das Problem nicht. Erheblich erfolgreicher scheint eher ein **doppelter** Perspektivwechsel: Zunächst die Frage, was kann **ich** (als Lehrer) machen, wenn Unterrichtsstörungen auftreten bzw. damit möglichst keine Unterrichtsstörungen entstehen. Sodann mit dem Blick nach vorn auf die Lösung: Was kann ich **machen**, wenn Unterrichtsstörungen auftreten (Intervention) bzw. damit möglichst keine Unterrichtsstörungen auftreten (die präventive Sicht). Aus dieser Doppelperspektive entwickeln wir ein praxisorientiertes Wissen, d.h. pädagogisch-didaktisch rückgebundene Anregungen und Hinweise. Diese werden in den To-do-Listen zu einer systematischen Schrittfolge zusammengestellt; Sie als Lehrer sollen so die Handlungshoheit behalten.

Unterrichtsstörungen aus dem Blick der pädagogischen Psychologie

Die pädagogische Psychologie hat zahlreiche Untersuchungen zu Unterrichtsstörungen durchgeführt, besonders unter dem Aspekt der **Klassenführung**. Im Unterricht treten verschiedene und zahlreiche Ereignisse, Handlungen und Verhalten auf, die sehr eng miteinander vernetzt sind und sich wechselseitig beeinflussen. Dazu kommt noch, dass die ausgelösten Ereignisse im Unterricht in der Regel unmittelbar, schnell, schwer vorhersehbar und mit unerwartetem Verlauf auftreten. Und schließlich haben die Akteure im Unterricht – die Lehrkräfte, die Klasse und/oder einzelne Schüler – bereits eine gemeinsame Beziehungsgeschichte. Kurz: Einzelne Ereignisse wie Unterrichtsstörungen können also nicht voneinander losgelöst oder unabhängig betrachtet werden, soll die angebotene Lösung **nachhaltig** sein.

Wohl als einer der ersten hat Jacob S. Kounin (1976) die Klassenführung thematisiert und erforscht. Dabei arbeitete er fünf Merkmalbereiche einer effektiven Klassenführung heraus:

— **Disziplinierung**, also die Fähigkeit des Lehrers, Unterrichtsstörungen so zu unterbinden und zu beseitigen, dass die Schüler lernen bzw. der Lernprozess ungestört weiter gehen kann. Kurz: Der Lehrer kann disziplinieren.

— **Allgegenwärtigkeit** und **Überlappung**: die Fähigkeit des Lehrers, neben dem eigentlichen Lehr-Lern-Prozess auch die weiteren Bedingungen des Unterrichts (wie Nebenbei-Kommunikation, Organisationsfragen, Störfaktoren von außen usw.) in seinem Unterricht zu beachten. Kurz: Der Lehrer hat alle Kinder im Blick und kann sich um mehrere Dinge gleichzeitig kümmern.

— **Reibungslosigkeit** und **Schwung**: die Fähigkeit des Lehrers, in der Planung, besonders aber in der Durchführung des Unterrichts dafür zu sorgen, dass es keine Leerphasen gibt, sondern dass der Unterrichtsverlauf flüssig bleibt, die Schüler sich fortgesetzt mit den Lerninhalten beschäftigen. Kurz: Der Lehrer kann Spannung erzeugen und den Unterrichtsfluss gewährleisten.

— **Gruppenmobilisierung**: die Fähigkeit des Lehrers, sich zwar auf den Lernprozess der Gesamtgruppe zu konzentrieren, ohne jedoch den einzelnen Schüler aus den Augen zu verlieren. Kurz: Der Lehrer hat die Gruppe im Blick und spricht alle (!) Kinder an.

— **Abwechslung** und **Herausforderung**: die Fähigkeit des Lehrers, die einzelnen Phasen des Lernprozesses so zu planen und zu gestalten, dass jeder Schüler und die ganze Klasse nicht nur einen abwechslungsreichen (Methodenvielfalt), sondern einen herausfordernden (gerade nicht unterfordernden) Lernprozess durchlaufen. Kurz: Der Lehrer motiviert die Schüler, indem er für sie interessante Unterrichtsinhalte thematisiert.

Es ist leicht zu sehen, dass sich zunächst nur der Merkmalbereich der Disziplinierung interventiv auf Unterrichtsstörungen bezieht, während die weiteren Merkmale präventiven Charakter haben. Bei der interventiven Disziplinierung unterscheidet Kounin drei Dimensionen:
— **Klarheit**: Diese Dimension bezieht sich auf die Art der Intervention: klare, verständliche und konkrete Ansagen.
— **Festigkeit**: Diese Dimension bezieht sich auf die Glaubwürdigkeit und Ernsthaftigkeit der Intervention: darauf achten, dass die klare Ansage auch von dem Störer beachtet wird, indem er die Störung unterlässt.
— **Härte**: Diese Dimension bezieht sich auf die Standhaftigkeit und den Durchsetzungswillen der Intervention: z. B. mit ernstem Blick und mit Androhung von Strafen arbeiten.

In Felduntersuchungen stellte Kounin allerdings fest, dass besonders die dritte Dimension „Härte" nicht nur von den Schülern als negativ gewertet wird, sondern dass eher von einem konstruktiven Umgang mit Unterrichtsstörungen positive Wirkungen zu erwarten sind. Bei nachfolgenden Untersuchungen stellte sich zudem heraus, dass die Art der Disziplinierung (Dimension) prinzipiell keinen nachhaltigen Effekt auf das Verhalten der Schüler hatte.
Es ist deutlich, dass Kounin seine Empfehlungen auf den Lehrer ausrichtet und hier besonders auf dessen Unterrichtsführung: Er soll alle Vorgänge in der Klasse während des Unterrichts kontrollieren, zugleich für einen spannenden, abwechslungsreichen und intellektuell herausfordernden Unterricht sorgen und sich um ein gutes Klassenklima kümmern. Ist dies nicht eine Überforderung?
Kounins *Ziel* war nicht einfach die Beschreibung der Aufgaben, sondern mehr die **Beherrschung von Techniken**, die eine positive Unterrichtsatmosphäre schaffen können und so Unterrichtsstörungen vermeiden helfen. Diese Techniken sind zum großen Teil präventiv, aber zum Teil auch interventiv. Wenn der Lehrer allgegenwärtig wirken soll, dann ist es sicher kontraproduktiv, wenn er ständig hinter seinem Lehrerpult sitzt und sich nicht durch die Klasse bewegt. Dieses präventive In-der Klasse-Sein ist dadurch, dass man sich im Klassenraum bewegt und so immer wieder Nähe und Gegenwart herstellt, zugleich ein äußerst wichtiges interventives Mittel bei Unterrichtsstörungen. Dazu gehört z. B. auch die Sitzordnung. Man kann präventiv eine Sitzordnung schaffen, die es dem Lehrer ermöglicht, die Schüler im Blick zu halten. Oder man verändert interventiv eine Sitzordnung, wenn es durch sie zu Störungen kommt.
Besonders in der Schulpsychologie sind im Anschluss an Kounin konkrete Wege gesucht und auch beschrieben worden, Unterrichtsstörungen zu beseitigen oder gar zu verhindern. So stellen Walter Kowalczyk und Winfried Deister (2009) Tipps vor, die einen störungsfreien Unterricht ermöglichen sollen, z. B. für guten Unterricht sorgen, das Klassenklima gestalten, Schülern durch Struktur Halt geben, richtig miteinander sprechen. Gustav Keller (2008) beschreibt nicht nur Ursachen von Unterrichtsstörungen, sondern auch Möglichkeiten der Intervention und Störungsprävention; und Hans-Peter Nolting (2002, 2012) entwickelt grundlegende Strategien der Intervention bei Unterrichtsstörungen und der Prävention derselben.
Ein letzter Aspekt aus der psychologischen Unterrichtsforschung: Ob Schüler im Unterricht mit den Lehrern zusammen oder gegen sie arbeiten, hängt entscheidend davon ab, ob die

Schüler ihren Lehrern gegenüber Respekt empfinden. Die klassische Lehrerausbildung gibt aber auf die Frage, woran es liegt, ob Schüler ihre Lehrer respektieren, in der Regel keine adäquate Antwort. Auf Grund unterschiedlicher Forschungsarbeiten lassen sich jedoch drei Handlungsfelder bestimmen, in denen es sich entscheidet, ob die Schüler den Lehrer respektieren bzw. ob der Unterricht gelingt:
— Unterrichtsgestaltung,
— Personenorientierung,
— Lenkung.

Auch aus den Kategorien der Klassenführung, die Kounin beschrieben hat, sowie aus den schulpsychologischen Überlegungen und Befunden lassen sich für die Handlungsprogramme unserer To-do-Listen einige präventive und interventive Maßnahmen ableiten.

Unterrichtsstörungen aus dem Blick einer kommunikativen Didaktik

Abschließend sollen Unterrichtsstörungen auch noch aus dem Blick einer kommunikativen Didaktik analysiert werden, weil diese den Unterricht nicht nur unter einem Vermittlungs-, Inhalts- und Beziehungsaspekt betrachtet, sondern gerade auch unter dem Aspekt möglicher Störfaktoren.

In seinem Buch „Der gestörte Unterricht" (2006) entwickelt Rainer Winkel diesen Aspekt der kommunikativen Didaktik an einigen Fallbeispielen. Strukturell entfaltet Winkel fünf verschiedene und eng aufeinander bezogene Dimension bei Unterrichtsstörungen:

— **Bezeichnung**: Hier ist es wichtig, die aufgetretene Störung empirisch-deskriptiv möglichst klar zu bezeichnen, z.B. als akustisch, visuell, motorisch, psychisch, sozial oder disziplinär.
— **Ursache**: Es geht um die konkreten Gegebenheiten, die Störungen verursachen; z.B. um das Wetter, den Verkehr, die Räumlichkeiten, aber auch die familiäre Situation des Schülers, seinen Entwicklungsstand, seinen Status in der Gruppe, den Entwicklungsstand der Klasse usw.
— **Störungsbereich**: im konkreten Unterricht (wann, wo, durch wen …)
— **Störungsrichtung**: Diese kann personal ausgerichtet sein (Schüler-Schüler oder Schüler-Lehrer usw.) oder auch eine materialgebundene Richtung haben (z.B. verursacht dadurch, dass ein Beamer nicht mehr funktioniert).
— **Störungsfolgen**: Hier lassen sich einfache Störungsfolgen (kurze Unterbrechung) unterscheiden von komplexen Störungsfolgen (Beeinträchtigung z.B. des Lehrer-Schüler-Verhältnisses). Grundsätzlich muss auch noch beachtet werden, inwieweit die Störung zusätzlich die drei anderen Aspekte des Unterrichts im Sinne der kommunikativen Didaktik – Vermittlung, Inhalt, Beziehung – beeinträchtigt.

Wenn Störungen des Unterrichts unter dieser Perspektive wahrgenommen werden, dann beginnen sie mit uns zu sprechen: „Jede Störung will uns etwas sagen" (Winkel 2006, S. 152). Und nur durch genaue Beobachtung und zunächst deskriptiv-empirische Beschreibung gelangen wir zu der eigentlichen Bedeutung, die in der Störung ausgesprochen wird. Diese Perspektive auf Unterrichtsstörungen sucht keinen Schuldigen und legt auch nicht mit Stereotypen die Schuldigen fest als „faul", „frech", „schlecht", „unbeliebt". Vielmehr wird der ernsthafte Versuch gemacht zu verstehen, was hinter dem Störverhalten liegt, was es verursacht hat, was sich in diesem Störverhalten ausdrückt.

Damit ist nicht gemeint, für alle Störungen Verständnis zu haben, sondern erstens, den Unterrichtsstörer nicht mit der Unterrichtsstörung zu identifizieren, ihn nicht abwertend abzustempeln („pädagogischer Takt"), und zweitens die Ursachen der Unterrichtsstörung sowie die negativen Folgen zu beseitigen und damit neue Störungen möglichst zu umgehen bzw. konstruktiv aufzulösen. Dabei geht es zentral um die Aufgabe, einen pädagogisch angemessenen Umgang mit „schwierigen" Schülern zu erreichen.

Auch aus den Kategorien der kommunikativen Didaktik, die Winkel im Blick auf Unterrichtsstörungen beschrieben hat, lassen sich für die Handlungsprogramme, die wir Ihnen mit den To-do-Listen anbieten, einige präventive und auch interventive Maßnahmen ableiten.

Literatur

ARNOLD, ROLF (2012): Wie man führt, ohne zu dominieren. 29 Regeln für ein kluges Leadership. Heidelberg

BECKER, GEORG E. (2009): Disziplin im Unterricht. Auf dem Weg zu einer zeitgemäßen Autorität. Weinheim und Basel

BERGER, REGINE u. a. (2013): Warum fragt ihr nicht einfach uns? Mit Schüler-Feedback lernwirksam unterrichten. Weinheim

BIEGLER, ALEXANDRA (2013): Gemeinsam gegen Unterrichtsstörungen. Ein neues Präventions-Konzept. Berlin

FELSER, CHR. M. (2006): Unterrichtsstörungen – Präventions- und Interventionskonzepte im Spiegel der Schulwirklichkeit. Heidelberg

GLÖCKEL, HANS (2000): Klassen führen – Konflikte bewältigen. Bad Heilbrunn

HAAG, LUDWIG/STREBER, DORIS (2014): Auf Klassenführung kommt es an! Unterrichtsstörungen vermeiden oder beseitigen. In: Schulmagazin 5–10, Heft 1, S. 7–11

HATTIE, JOHN A. C. (2013): Lernen sichtbar machen. Hohengehren

HELMKE, ANDREAS/SCHRADER, FRIEDRICH-WILHELM (2006): Lehrerprofessionalität und Unterrichtsqualität. Den eigenen Unterricht reflektieren und beurteilen. In: Schulmagazin 5–10, Heft 9, S. 5–12

KELLER GUSTAV (2012): Disziplinmanagement in der Schulklasse. Bern

KOUNIN, JACOB (2006): Techniken der Klassenführung. Münster

KOWALCZYK, W./DEISTER, W. (2009): 99 Tipps: Störungsfreier Unterricht. Berlin

LOHMANN, GERT (2011): Mit Schülern klarkommen. Berlin, 8. Auflage

MAYR, JOHANNES/EDER, FERDINAND/FRATACEK, W. (1991): Mitarbeit und Störung im Unterricht. Strategien Pädagogischen Handelns. Zeitschrift für Pädagogische Psychologie. 5 (1), 43–55

MEYER, HILBERT (2004): Was ist guter Unterricht? Berlin

MILLER, REINHOLD (2011): Als Lehrer souverän sein. Weinheim

NOLTING, HANS-PETER (2012): Störungen in der Schulklasse. Weinheim

RÜEDI, JÜRG (2002): Disziplin in der Schule. Bern/Stuttgart

SINGER, KURT (1998): Die Würde des Schülers ist antastbar. Vom Alltag in unseren Schulen – und wie wir ihn verändern können. Reinbek

WINKEL, RAINER (2006): Der gestörte Unterricht. Hohengehren

WINKEL, RAINER (2013): Unterrichtsstörungen. Essen

TO-DO-LISTE 1

Sofortmaßnahmen

Bei Unterrichtsstörungen entsteht zweifellos ein Handlungsdruck. Und wenn diese Störung akut auftritt, dann brennt's und dann muss auch sofort gehandelt werden. Wir wollen Ihnen helfen – und zwar so, dass Sie sofort pädagogisch sinnvoll handeln können. Dabei sollten Sie wissen: Die *sofortige* Lösung des augenblicklichen Konflikts hilft in der Regel auch nur für den Augenblick; es ist somit zweifelhaft, ob diese „Lösung" auch *nachhaltig* ist.

☐ Sofort tun	**Grundregel: minimal intervenieren!** **Was tun?** — Ruhe bewahren — Verbindlich bleiben — Unterricht straff führen — Sitzordnung überprüfen — Blickkontakt aufnehmen — Deeskalieren – „Ball flach halten!" — Konkrete Anweisungen geben — Schnell zum Unterricht zurückkehren Prägen Sie sich diese grundlegenden Maßnahmen ein, damit Sie jederzeit vorbereitet sind. Atmen Sie erst mal ruhig durch, bevor Sie etwas sagen oder tun. Wenn's brennt, gibt es auch einige Dinge, die Sie unbedingt unterlassen sollten.
☐ In keinem Fall tun	**Was nicht tun?** — Emotional reagieren — Laut werden, schimpfen — Diskussionen aufnehmen oder zulassen — Auf Machtkampf einlassen — Bei absichtlichen Störungen wegschauen — Störung persönlich nehmen — Drohen — Ungerecht werden — (Lange) Vorträge halten Bei diesen Sofortmaßnahmen steht das eigene Verhalten im Mittelpunkt. Auch bei den folgenden Arbeitsprogrammen soll besonders das eigene Verhaltensrepertoire reflektiert und erweitert werden; gerade wenn es darum geht, professionell mit Störungen umzugehen.

	Die Liste dessen, was Sie nicht tun sollen, zielt auf unprofessionelle Verhaltensweisen, die Sie in den Augen der Schüler schnell disqualifizieren können.
☐ Kurz nachdenken und situationsangemessen reagieren	**Fragen Sie sich:** 1. Muss ich (jetzt überhaupt) auf die Störung eingehen oder soll/kann ich sie übergehen? Wenn Sie nicht darauf eingehen müssen, dann tun Sie dies auch nicht! 2. Kann ich die Störung jetzt und gleich beheben oder gibt es da (große) Schwierigkeiten? Wenn Sie die Störung jetzt und gleich nicht einfach beheben können, machen Sie die Störung auch nicht zum „großen" Thema. 3. Wie kann ich enge oder nur bedingte Wahlmöglichkeiten innerhalb geltender Regeln stellen? Beispiele: Entweder du bist jetzt ruhig oder ich setz dich um! Wenn ihr jetzt ruhig arbeitet, machen wir danach eine kleine Pause. 4. Wie kann ich im Verhalten (Blick, Stimme, Körperhaltung) deeskalierend und entkrampfend wirken? Wenn Sie Lust und Kraft dazu haben, machen Sie eine humorvolle, witzige Bemerkung (aber nicht auf Kosten eines Schülers!). 5. Welche Ich-Botschaften sind angebracht? Diese verletzen den Störer nicht, sondern benennen die Folgen der Störung bei mir: Ich werde gestört, kann mich nicht auf den Unterricht, die Schüler, den Stoff konzentrieren. Aber Vorsicht: Bei Ich-Botschaften muss das Verhältnis zwischen Lehrer und Schülern grundsätzlich stimmen. **TIPP:** In keinem Fall mit „Kanonen auf Spatzen schießen", aber auch nicht „Drachen mit einem Holzschwert bekämpfen". Diese Blickrichtung gilt insbesondere dann, wenn nicht die Klasse insgesamt stört, sondern nur ein einzelner Schüler; denn wenn Sie die Störung eines einzelnen Schülers zum Thema der ganzen Klasse machen, stören auch Sie den Unterricht.
☐ Schnell zum Unterricht zurückkommen **WERKZEUGKASTEN** **M1** Checkliste bei akuten Störungen	Lenken Sie bewusst und deutlich die **Aufmerksamkeit der Klasse auf den Unterricht**. Dabei ganz wichtig: Achten Sie darauf, dass die Schüler möglichst etwas tun sollen (aktiv werden müssen), nicht still sein und zuhören müssen (passiv bleiben).

☐	**Nach** dem Unterricht ein kurzes Gespräch mit dem Störer führen ⬇	Bei diesem kurzen (!) **Gespräch** nach dem Unterricht darauf achten, dass — möglichst nur Sie mit dem Schüler sprechen (vielleicht auf dem Flur), — Sie keine Vorwürfe machen, sondern nach dem Grund der Störung fragen, — Sie möglichst ein kleines Abkommen für die Folgestunde treffen, — (wenn dies nicht möglich ist), die Einhaltung der Regeln anmahnen und einfordern.
☐	Zuhause kurz die Störung analysieren **WERKZEUGKASTEN** M2 Beobachtungsbogen „Kurzanalyse einer Unterrichtsstörung"	Halten Sie zuhause kurz, aber möglichst klar fest: — Um welche Störung handelt es sich? (Unruhe, Passivität, Provokation …) — Welche Schüler waren daran beteiligt? (Namen, Anzahl …) — Unter welchen Umständen fand die Störung statt? (in welcher Stunde, in welcher Phase, in welchem Raum …?) Führen Sie diese Kurzanalyse schriftlich durch. Halten Sie die Ergebnisse fest, damit Sie darauf zurückgreifen können, wenn Sie Unterrichtsstörungen systematischer analysieren wollen (siehe To-do-Liste 2).

TO-DO-LISTE 2

Diagnostische Aufgaben

Wenn eine Störung immer wieder auftritt, wenn sie sich sogar verschlimmert und weitere Störungen nach sich zieht, dann reichen Ad-hoc-Maßnahmen nicht aus, weil das Problem, das den Unterrichtsstörungen zugrunde liegt, offensichtlich nicht gelöst ist. Wir helfen Ihnen, diese Unterrichtsstörungen so zu analysieren (durch Selbstbeobachtung, Fremdbeobachtung, Schülerfeedback), dass Sie von dort aus konkrete Handlungsschritte oder Arbeitsprogramme der folgenden To-do-Listen 3 und 4 aufgreifen können.

Der erste Schritt zur Souveränität: Selbstdiagnose
Unterrichtsstörungen sind Signale! Von daher ist es lohnend, die Bedeutung dieser Signale zu verstehen und so die Ursachen der Störung zu erkennen; denn nur durch die Analyse der Störfaktoren lässt sich auch der Schlüssel für eine *nachhaltige* Lösung finden.
So viel Zeit muss somit sein!

☐	Störung beschreiben	Halten Sie möglichst eindeutig fest, um welche Störung es sich im aktuellen Fall gehandelt hat (klare **Beschreibung** der Störung).
☐	Störung klassifizieren **WERKZEUGKASTEN** **M3** Analysebogen: Selbstdiagnose bei Unterrichtsstörungen	Ordnen Sie die Störung ein. Sie können dabei verschiedene **Klassifizierungen** vornehmen. Die Häufigkeit der Einordnung ist ein Hinweis auf die Dringlichkeit der Bearbeitung. Mögliche Klassifizierungen: — Viele kleine Störungen — Massive, gravierende Störung — Wiederkehrende Störung — Aktive Störung — Störung durch Passivität
☐	Symptome beschreiben (Blick auf mögliche Ursachen)	Die Ursachen können sehr vielgestaltig sein. Häufig ist diese Ursachenermittlung schwierig. Bisweilen gibt es auch ein Ursachensyndrom. Folgende **Symptome** können auf die Ursachen verweisen: — motorisch — somatisch — psychisch — sozial — medial — thematisch — methodisch — situativ

☐	Störungsbereich beschreiben	Es ist nicht unwichtig, in welchem **unterrichtlichen Bereich** die Störung auftritt: — Eingangsphase — Schlussphase — Übergänge der einzelnen Phasen — Lehrervortrag — Gelenktes Unterrichtsgespräch — Plenumsarbeit (Präsentation, Diskussion) — Einzelarbeit (Stillarbeit) — Partnerarbeit — Gruppenarbeit
☐	Störungsrichtung bezeichnen	Auch bei den **Störungsrichtungen** können mehrfache Einordnungen auftreten: — Störung durch einen Schüler gegen den Unterricht — Störung durch einen Schüler gegen Mitschüler/Lehrer — Störung zwischen Schülern — Störung zwischen Schülern und Lehrer
☐	Störungsfolgen klassifizieren	Gerade auch die **Störungsfolgen** machen deutlich, wie virulent die Beseitigung der Unterrichtsstörung ist: — Einfache Störung (Unterbrechung, Stockung) — Komplexe Störung (Interaktion) — Störung des unterrichtlichen Vermittlungsaspektes (etwa der Methoden, der Organisation, der Medien) — Störung des Inhaltsaspektes, der unterrichtlichen Sacherfahrung (etwa die Bezugnahme, die Erschließung, die Integration) — Wechselseitige Störung der verschiedenen unterrichtlichen Faktoren wegen fehlender Passung
☐	Die eigene Position bestimmen **WERKZEUGKASTEN** **M4** Fragebogen: die eigene Position erfahren	Die bisherige Diagnose der Unterrichtsstörungen gibt Ihnen schon viele Einsichten und damit auch Hinweise, wo Sie ansetzen sollten (bei den folgenden To-do-Listen 3 und 4). Klären Sie für sich mit Hilfe des Fragebogens folgende **Arbeitsbereiche** ab: — Meine Beziehung zu den Schülern — Mein Verhalten als Lehrer — Mein Wissen um die Situation (Entwicklung, Bedürfnisse, Wissen) der Schüler — Meine Unterrichtsvorbereitung — Meine Klassenführung — Meine Analysefähigkeiten im Blick auf Unterrichtsstörungen — Mein Umgang mit Unterrichtsstörungen

☐	Eigene Stärken und Schwächen erkennen	Klären Sie mit Hilfe der **SWOT-Analyse** Ihre Stärken und Schwächen ab.
	WERKZEUGKASTEN M5 SWOT-Analyse ⇩	
☐	Einen Handlungsplan auswählen	Wenn Sie Ihre Stärken- und Schwächenanalyse ehrlich durchgeführt haben, können Sie auch den Ansatzpunkt bestimmen, der für Sie besonders wichtig ist. Suchen Sie aus den interventiven bzw. präventiven To-do-Listen 3 und 4 die **Handlungsschritte** heraus, die Sie für sich besonders wichtig halten. **Ziel:** Stellen Sie über Ihre — didaktische und methodische Kompetenz (Unterrichtsgestaltung), — Lenkungskompetenz (Unterrichtsdurchführung) und — Person-/Schülerorientierung (Zugewandtheit) einen Respekt Ihrer Schüler her; denn Respekt gegenüber dem Lehrer ist eine entscheidende Bedingung dafür, dass Schüler lernen wollen. Allerdings kann man Respekt nicht einfach fordern (etwa qua Amt), sondern man muss die Bedingungen für Respekt herstellen. Als Handlungsstrategien bieten sich an: — eine gute Stoffvermittlung, — ein konsequentes Handeln (aber nicht stur!), — eine freundliche Wertschätzung (aber kein Anbiedern!)

Der zweite Schritt zur Souveränität: Fremdbeobachtung

Die kollegiale Beobachtung (Fremdbeobachtung) ist wie die Video-Aufzeichnung in der Unterrichtspraxis zwar nicht so einfach durchzuführen, aber beide Möglichkeiten sind höchst effektive Mittel der Diagnose. Greifen Sie, wenn die Unterrichtsstörungen auch nach der Selbstdiagnose und entsprechenden Konsequenzen aus den To-do-Listen 3 und 4 nicht zu beseitigen sind, unbedingt auf diese Möglichkeit zurück.

Kollegiale Zusammenarbeit lohnt sich!

☐	Beobachter aussuchen ⇩	Sie sollten zu dem Beobachter (Kollege, Referendar) ein gutes, vertrauensvolles Verhältnis haben. Dies ist besonders dann wichtig, wenn die **Fremdbeobachtungen** gegenseitig durchgeführt werden. Es sollte einvernehmlich klar sein, dass die Beobachtungen ausschließlich für den vertrauensvollen Austausch zwischen Ihnen beiden bestimmt sind.

☐	Kriterien der Beobachtung bestimmen ⬇	Eine kollegiale Unterrichtshospitation ist leider (!) bei Weitem noch nicht die Regel an unseren Schulen. Legen Sie mit Ihrem Beobachter die **Kriterien** fest, unter denen er Ihren Unterricht beobachten soll. In unserem Fall geht es primär um Unterrichtsstörungen, nicht so sehr um didaktische Fragen.
☐	Organisation klären ⬇	Wie bei einer normalen Hospitation sollten Sie unbedingt klären: — **Klasse:** Nehmen Sie möglichst die Klasse, in der Unterrichtsstörungen für Sie ein Problem sind. — **Datum/Uhrzeit:** Wenn es irgendwie möglich ist, sollte die Unterrichtsstunde nach Plan ausgesucht werden, damit sich für die Schüler wenig verändert.
☐	Medien der Beobachtung klären ⬇	— **Medien:** Klären Sie ab, ob eine Videobeobachtung möglich ist. Wenn ja, dann ist diese sehr zu empfehlen. Allerdings sollte der Umgang mit dem Aufnahmegerät vorher geklärt und geübt werden. Das Aufnahmegerät für den Tag reservieren. — **Freistellung:** Unbedingt bei der Schulleitung beantragen, dass der beobachtende Kollege für diese Stunde freigestellt wird. In der Regel muss er eine Freistunde aussuchen. Aber rechtzeitig beantragen, dass Sie nicht zu einer Vertretungsstunde eingesetzt werden. — **Termin** für das Analysegespräch festlegen: Möglichst schnell, damit die Eindrücke noch frisch sind (vielleicht am Nachmittag oder am frühen Abend zuhause)
☐	Durchführung der Hospitation klären **WERKZEUGKASTEN** M6 Beobachtungsbogen: Fremdbeobachtung zu Unterrichtsstörungen ⬇	Natürlich können die Beobachtungen stichwortartig protokolliert werden. Es bietet sich jedoch an, einen **Beobachtungsbogen** zu entwickeln, der die genaue Beobachtung und anschließende Analyse erleichtert. Sie können auf den Beobachtungsbogen M1 zurückgreifen oder einen differenzierteren Beobachtungsbogen M6 benutzen, der nicht die fachliche und fachdidaktische Qualität thematisiert, sondern der sich auf die möglichen Störfaktoren Ihres Unterrichts (Planung und Durchführung) fokussiert.
☐	Beobachtungen analysieren	Die **Analyse der Beobachtung** sollte möglichst anhand des Beobachtungsbogens durchgeführt werden. Im Unterschied zu Hospitationen bei Referendaren bietet es sich hier an, dass der Beobachter die Schwerpunkte der Analyse festsetzt („objektive" Betrachtung) und dass Sie erst im Anschluss Ihre Erfahrungen, Gefühle und Beobachtungen zu bestimmten Ereignissen thematisieren („subjektive" Betrachtung).

		Versuchen Sie möglichst deutlich
		— die Unterrichtsstörung zu beschreiben,
		— die Ursachen zu ermitteln,
		— Störungsbereiche auszumachen,
		— Störungsrichtungen festzulegen,
		— die Störungsfolgen zu klassifizieren.
☐	Erste Folgerungen ziehen **WERKZEUGKASTEN** **M5** SWOT-Analyse	Sprechen Sie darüber, welche **Stärken** und **Schwächen** der Beobachter und Sie in der beobachteten Stunde gesehen haben. Versuchen Sie über die SWOT-Analyse diese Stärken und Schwächen zu bestimmen.
☐	To-do-Listen sichten	Diese Diagnose der Unterrichtsstörungen gibt Ihnen weitere Einsichten und Hinweise darüber, wo Sie **ansetzen** sollten (bei den folgenden To-do-Listen). Klären Sie für sich mit Hilfe des Fragebogens folgende Arbeitsbereiche ab: — Meine Beziehung zu den Schülern — Mein Verhalten als Lehrer — Mein Wissen um die Situation (Entwicklung, Bedürfnisse, Wissen) der Schüler — Meine Unterrichtsvorbereitung — Meine Klassenführung — Meine Analysefähigkeiten im Blick auf Unterrichtsstörungen — Mein Umgang mit Unterrichtsstörungen
☐	Einen Handlungsplan auswählen	Wenn Sie Ihre Stärken- und Schwächenanalyse ehrlich durchgeführt haben, dann können Sie wieder einen Ansatzpunkt bestimmen, der für Sie besonders wichtig ist. Suchen Sie aus den interventiven bzw. präventiven To-do-Listen die Handlungsschritte aus, die Sie für sich für besonders wichtig halten. Gehen Sie dazu die To-do-Listen 3 und 4 durch (nicht nur anhand des Inhaltsverzeichnisses). Arbeiten Sie die entsprechenden Handlungsschritte auf (nicht alle, sondern zunächst die, die Ihnen noch schwerfallen).

Der dritte Schritt zur Souveränität: Schülerfeedback

Wenn Sie ein Schülerfeedback durchführen wollen – und darin möchten wir Sie grundsätzlich bestärken –, dann ist es wichtig, dass diese Befragung für Sie von Bedeutung ist und dass Sie die Ergebnisse ernst nehmen. Es gilt:

Gegenseitiges Vertrauen als unverzichtbare Basis!!

☐	Eigene Position zum Schülerfeedback bestimmen	Sie dürfen keine Vorbehalte gegen ein **Schülerfeedback** haben, denn diese anspruchsvolle Methode erfordert u. a.: — Zeit — Mehrarbeit — Kritikfähigkeit Andererseits zeigt die Studie von Hattie, wie wichtig es ist, das eigene Unterrichten zu überprüfen. Lassen Sie sich eine Rückmeldung über ihre eigene Wirksamkeit geben. Finden Sie heraus, wer was gelernt hat oder nicht, was geklappt hat und was nicht usw. Unterrichtsstörungen sind ein hervorragender Anlass, über ein Schülerfeedback die Wirksamkeit des eigenen Unterrichts zu überprüfen.
☐	Klasse für die Befragung gewinnen	Gerade wenn Unterrichtsstörungen vorliegen und das Klassenklima nicht besonders gut ist, sind Schüler eher nicht geneigt, ein Feedback zu geben, denn sie glauben nicht, dass ihre Meinung ernst genommen wird. Von daher ist es unerlässlich, dass Sie der Klasse vermitteln, nicht nur wie wichtig für Sie diese Befragung ist, sondern dass Sie mit den Befragungsergebnissen dann auch konstruktiv umgehen werden.
☐	Kriterien der Befragung bestimmen	Legen Sie mit den Schülern gemeinsam die Kriterien der Befragung fest. Mögliche Kriterien sind: — Klassenklima — Lernklima — Arbeitsklima — Lernverhalten — Unterrichtsstörungen
☐	Befragungsbogen erstellen **WERKZEUGKASTEN** M7 Befragungsbogen: Schülerfeedback	Ein Befragungsbogen, der auch hinreichend aussagekräftig und valide ist, kann nicht so nebenher erstellt werden. Zusätzlich ist zu beachten, dass ein Fragebogen mit offenen Fragen nur schwer auszuwerten ist. Wie ein solcher **Befragungsbogen** angelegt werden könnte, zeigen wir Ihnen im Werkzeugkasten. Wir greifen dabei auf ein Programm zurück, das die Bundeszentrale für politische Bildung Schulen kostenfrei zur Verfügung stellt und das unter www.grafStat.de zu beziehen ist. Sie können auch das Angebot des Instituts für angewandtes Schulmanagement (IfaS) nutzen (www.ifas-schulmanagement.de), das kostenpflichtig individuelle Online-Unterstützung anbietet.

☐	Befragungsbogen auswerten	Die **Auswertung** der Fragebögen sollte möglichst schnell erfolgen, denn die Schüler haben sicher ein großes Interesse, die Ergebnisse der Befragung zu erfahren. Die statistische Auswertung können Sie sehr gut durchführen, wenn Sie bereits bei der Erstellung des Befragungsbogens mit dem o.g. Programm gearbeitet haben. Bevor Sie den Schülern die Ergebnisse präsentieren, sollten Sie diese zunächst für sich pädagogisch-didaktisch mithilfe der Kriterien für Unterrichtsstörungen (M2) auswerten.
⬇		
☐	Die Ergebnisse den Schülern präsentieren	Achten Sie darauf, dass die Schüler zuerst die **Ergebnisse** zur Kenntnis nehmen. Im Gespräch könnten folgende Punkte diskutiert werden: — Welche Ergebnisse sind überraschend? — Welche Ergebnisse sind eindeutig? — Welche Ergebnisse sind unklar? Die Klärung von offenen Fragen und die Bedeutung der Ergebnisse stehen im Mittelpunkt der Präsentation.
⬇		
☐	Erste Folgerungen daraus ziehen	Erst wenn Klarheit über die Ergebnisse herrscht, sollten **Folgerungen** gezogen werden. Wie dies unterrichtspraktisch gemacht werden kann, erläutern wir im präventiven Handlungsprogramm und den entsprechenden Erläuterungen und Hilfen im Werkzeugkasten. Ziel wird es sein, Regeln zu entwickeln, die einerseits nicht immer eingehalten werden, andererseits aber auch wirklich für einen ungestörten Unterricht bedeutsam sind. Gut wären auch einige Regeln für das Lehrerverhalten. Es ist ganz wichtig, dass in der Folgezeit jeder in der Klasse (Lehrer, Schüler) auf diese Regeln hinweisen kann, wenn diese nicht eingehalten werden.
⬇		
☐	Die Regeln in der Klasse aushängen	Dies bietet sich deshalb an, weil in konkreten Unterrichtsstörungen sofort darauf verwiesen und so die Intervention minimiert werden kann.

TO-DO-LISTE 3

Interventives Handlungsprogramm

Bei den folgenden Arbeitsschritten geht es um die interventive Leitfrage: Was tue ich, wenn ... (der Unterricht von einzelnen Schülern gestört wird, in der Klasse Unruhe auftritt, Schüler ständig miteinander schwätzen oder sogar laut miteinander sprechen usw.)?

Es geht bei diesen Arbeitsschritten darum, dass Sie Verhaltensweisen und Handlungsmöglichkeiten kennen lernen, die Ihnen helfen, auf Unterrichtsstörungen so vorbereitet zu sein, dass Sie damit professionell umgehen und diese dann auch beseitigen können. Dabei lautet die Grundregel: *Rechtzeitig* und *richtig* auf Unterrichtsstörungen eingehen!

1. Das eigene Verhaltensrepertoire überprüfen und erweitern

☐	Professionalität erwerben **WERKZEUGKASTEN** M8 Matrix zur Professionalisierung	Zu den größten Schwierigkeiten der Lehrerrolle zählt das **„professionelle"** Verhalten. Wir gehen mit Schülern und nicht mit Gegenständen um, von daher ist in das erzieherische Verhalten die Beziehungsebene untrennbar eingebunden. Sie verleitet uns immer wieder dazu, auch emotional auf das Geschehen zu reagieren, sodass wir die Distanz zum Geschehen und zu den Akteuren verlieren. Dabei dominieren zwei unprofessionelle Verhaltensweisen: 1. Sich persönlich durch die Unterrichtsstörung verletzt zu fühlen 2. Den Unterrichtsstörer persönlich abzulehnen
☐	Konsequent bleiben **WERKZEUGKASTEN** M9 Matrix zur Konsequenz	Durchgehend konsequentes Verhalten fällt vielen Lehrern schwer. Das ist menschlich, stört aber den Unterricht. Wenn die Schüler in Ihnen den Profi sehen sollen, bei dem sie etwas lernen können, ist konsequentes Verhalten Ihrerseits absolute Pflicht. Gehen Sie einmal von sich aus und fragen Sie sich, was Sie von einer guten (professionellen) Unterrichtsführung erwarten: — gute Organisation, — verlässliches Verhalten, — die Fähigkeit zu begeistern – — und zwar beständig und nicht ab und zu mal. Gehen Sie davon aus, dass Ihre Schüler das auch von Ihnen erwarten.
☐	Klarheit der Regeln herstellen	Was ist erlaubt, was ist tolerabel, was geht nicht? Lässt sich das objektiv oder allgemeingültig beantworten? Objektiv und allgemeingültig nicht, aber dennoch klar; denn wenn hier die Grenzen fließend sind, sind Unterrichtsstörungen programmiert. **„Klarheit"** bedeutet: Ist den Schülern klar, was in Ihrem Unterricht erlaubt ist, was Sie tolerieren, was Sie nicht erlauben?

WERKZEUGKASTEN **M10** Matrix zur Klarheit von Erwartungen 	Machen Sie den Schülern Ihre Erwartungen klar. Worauf Sie dabei achten sollten, zeigen wir Ihnen in der „Matrix zur Klarheit von Erwartungen". Klarheit meint Eindeutigkeit und Verhaltenssicherheit, somit kein Laissez-faire-Verhalten. **TIPP:** Klare und doch freundliche Formulierungen.
☐ Kommunikation aufrechterhalten **WERKZEUGKASTEN** **M11** Matrix zur Kommunikation 	Kommunikation ist eine ungeheuer mächtige Möglichkeit zwischenmenschlicher Interaktion, aber auch eine sehr störanfällige. Wenn nun die **unterrichtliche Interaktion** gestört wird, dann wird sehr häufig auch die Kommunikation der Interagierenden gestört. Hier liegt es entscheidend bei Ihnen, dass es trotz der Unterrichtsstörung **nicht** zu einer Kommunikationsstörung kommt. — Sie sind der Erwachsene, der den Erfahrungsvorsprung hat, nicht der Schüler. — Sie sind der Profi, der die fachlichen und sachlichen Fähigkeiten hat, nicht der Schüler. — Sie sind der Erzieher, der auch in schwierigen Situationen konsequent bleibt, nicht der Schüler. — Sie sind der Lehrer, der trotz Störungen souverän bleibt, nicht der Schüler. — Sie sind der Kommunikator, der die Kommunikation aufrechterhalten muss, nicht der Schüler. Achten Sie bei Unterrichtsstörungen darauf, dass (zumindest durch Sie) die Grundregeln einer **verständigungsorientierten Kommunikation** eingehalten werden. Wenn sich ein Schüler verweigert, tragen Sie als Lehrer die Verantwortung dafür, dass störungsfrei unterrichtet werden kann. Dies bedeutet: Sie müssen eine Entscheidung für die Situation treffen (z. B. den Störer aus dem Raum schicken). Damit ist die Unterrichtsstörung nicht grundsätzlich gelöst; dies muss in einem anderen Kontext anschließend geschehen (durch Gespräche, Vereinbarungen usw.).
☐ Einstellung überprüfen und verändern **WERKZEUGKASTEN** **M12** Matrix zur Selbsteinschätzung	Sie können mit Fug und Recht annehmen, dass die Art der **Beziehung**, die Sie zu Ihren Schülern aufbauen und pflegen, fundamental für guten Unterricht und erfolgreiches Lernen ist. Und Schüler haben in der Regel ein gutes Gespür dafür, ob sie für den Lehrer wichtig sind. Wir helfen Ihnen dabei, Ihre eigene Einstellung zu Schülern zu überprüfen und gegebenenfalls Handlungsbedarf zu erkennen. Es ist nicht einfach, an diesen Einstellungen zu arbeiten. Aber es lohnt sich! Nicht nur für Ihre Schüler, sondern auch für Sie im täglichen Unterricht, wenn Sie in den Schülern das sehen, was sie sind: junge Menschen, die unsere Aufmerksamkeit und Hilfe verdient haben, gerade dann, wenn sie „stören".

	Diese empathische Grundhaltung steht nicht im Widerspruch zu der oben geforderten Professionalität, sondern ist eher die Grundlage für eine wirkliche pädagogische Professionalität.
☐ Deeskalationsstrategien beherrschen **WERKZEUGKASTEN** M13 Matrix für eine Deeskalationsstrategie	Unterrichtsstörungen sind lästig für Schüler, die lernen wollen, und für Lehrer, die unterrichten wollen. Von daher ist es wichtig, dass Unterrichtsstörungen möglichst schnell und beiläufig beendet werden, damit der Unterricht ungestört weitergehen kann. Unterrichtsstörungen rufen aber auch häufig Verärgerung hervor, die entsprechenden Reaktionen können dann sogar auf einer höheren Interventionsstufe angesiedelt sein als die der Störung selbst. Entscheidend ist es jedoch, **deeskalierend** vorzugehen.
☐ Rechtzeitig tätig werden	Wenn Sie diese Kriterien für ein „richtiges" Interventionsverhalten beherrschen (und „richtig" bemisst sich dabei ausschließlich an der **Effektivität**: die Störung wird vom Störer beendet oder vom Lehrer beseitigt), dann werden Sie in der Regel auch *rechtzeitig* tätig werden.

2. Den eigenen Unterricht in der Situation überprüfen und verändern

Hier geht es nicht darum, ob Sie Ihren Unterricht „gut" geplant haben, sondern dass es in Ihrer Unterrichtsstunde zu Störungen kommt, weil bei der Durchführung des Unterrichts Störungen auftreten. Wenn immer wieder dieselben Störungen auftreten, sollten Sie bei den präventiven Maßnahmen einer guten Unterrichtsplanung (To-do-Liste 4) Hilfe suchen.

Grundregel: Der Unterricht ist ein Lehr-Lern-Prozess, somit eine Bewegung auf ein Ziel hin, die umso besser gelingt, wenn alle (!) Beteiligten, in verantwortlicher Weise der Lehrer, einerseits das Ziel fest im Auge haben und andererseits die Bedingungen des Weges beachten.

☐ Auf den Fluss achten	Dieser Aspekt ist deshalb so wichtig, weil der Unterricht von den Schülern als ein **Prozess** wahrgenommen wird, als ein Weg, auf dem sie gehen. Wenn sie immer wieder aufgehalten werden und nicht vorankommen, dann geht der Schwung des Aufbruchs verloren. Das ist für den weiteren Verlauf jedoch kontraproduktiv und führt in der Regel zu Unterrichtsstörungen. Unterbrechungen geschehen bei — Erklärungen, die zu langatmig sind, — Arbeitsphasen, die zu lang sind, — Übergangsphasen, die nicht koordiniert und nicht zügig durchlaufen werden, — Nachfragen, die für alle zum Gegenstand werden, obwohl es nur Einzelne betrifft, — Unklarheiten, die nicht kurz und rechtzeitig geklärt werden, — kleineren Störungen, die zu viel Bedeutung bekommen — usw.

☐	Auf Konzentration achten (auch Pausen, Bewegung!)	Achten Sie auch (!) darauf, dass der Unterricht **keine Hektik** bewirkt. Die Schüler sollen zwar das Thema, die Aufgabe, das Problem im Blick haben (zielorientiert), aber sie sollen nicht einfach darauf lostürmen; denn dann werden sie leicht stolpern und die Aufbruchstimmung wird erlahmen. Konzentrationsbrüche entstehen besonders dann, — wenn die Relevanz des Themas nicht einsichtig ist (was hat das mit mir zu tun?), — wenn das Problem nicht erkannt ist (worum geht es?), — wenn die Aufgabenstellungen nicht klar sind (was muss ich tun?), — wenn die Schrittfolge nicht klar ist (wo stehe ich jetzt?), — wenn die Arbeitsbedingungen nicht beachtet werden (zu laut, zu unruhig, zu lang, zu schwer usw.)
☐	Auf Abwechslung achten **WERKZEUGKASTEN** M14 Checkliste für einen ungestörten Unterricht	Natürlich besteht guter Unterricht nicht darin, ein Methodenfeuerwerk abzubrennen; denn Methoden sind kein Selbstzweck. Aber gehen Sie davon aus, dass eine Methode nicht länger als etwa 15 Minuten eingesetzt werden sollte und dass in einer Unterrichtsstunde (45 Minuten) etwa **drei Methodenwechsel** stattfinden sollten. Konzentrationsbrüche und damit Störungen entstehen besonders wenn — eine Methode zu lange dauert, — eine Arbeitsweise zu lange praktiziert wird, — eine Sozialform zu lange beibehalten wird — usw. Wie Sie mehr Abwechslung in den Unterricht bringen können, erfahren Sie in der Checkliste M14. **TIPP:** Achten Sie auf Pausen und bei jüngeren Schülern auf Bewegung.
☐	Auf Differenzierung und Austausch achten	Zwar muss jeder Unterricht einen Lernprozess in Gang setzen, in dem jeder Schüler seine Möglichkeiten des Lernfortschritts erreichen kann, aber zugleich ist Unterricht als **sozial organisierter Lehr-Lern-Prozess** darauf ausgerichtet, dass die Schüler auch miteinander lernen. Wenn diese Doppelperspektive des Unterrichts nicht beachtet wird, entstehen leicht Unterrichtsstörungen. Achten Sie also bei Unterrichtsstörungen darauf: — Können binnendifferenzierte Lernprozesse und Lernwege angeboten werden? (Über- bzw. Unterforderung) — Ist gegenseitige Hilfe möglich? (Lernen durch Lehren) — Bieten sich Formen des kooperativen Lernens an? — Ist gegenseitiger Austausch geboten, damit eine gemeinsame Lernbasis entsteht? Was Sie tun können, um Differenzierung und Austausch miteinander zu verknüpfen, finden Sie in der Checkliste M14.

☐	Auf Lebensbezug und Motivation achten	Auch wenn das **Thema** zunächst für die Schüler spannend war, so ist es dennoch gut möglich, dass bei der konkreten Arbeit das Interesse erlahmt. Und das ist auch nicht verwunderlich; denn die konkreten Arbeitsschritte können bisweilen schwer und anstrengend sein. Darin liegt eine Quelle für Motivationsverlust und damit für Unterrichtsstörungen. Beachten Sie darum: — Ist der Sinn und Nutzen der konkreten Arbeit für die Schüler deutlich? — Ist der Bezug der augenblicklichen Arbeit zum Gesamtthema klar? — Wissen die Schüler, warum sie das tun? — Schätzen die Schüler ihre Arbeit positiv ein? Wie Sie das Interesse und die Motivation steigern, lesen Sie in der Checkliste M14.
☐	Auf Klarheit der Aufgaben achten	Nicht selten entstehen Unterrichtsstörungen, weil die **Aufgabenstellungen** unklar sind. Von daher bei Unterrichtsstörungen darauf achten: — Ist die Aufgabenstellung auf das Vorwissen der Schüler und auf ihr Können abgestimmt? Können die Schüler das, was sie machen sollen? — Ist die Aufgabenstellung sprachlich und gedanklich eindeutig formuliert? Wissen die Schüler genau, was sie machen sollen? — Lässt sich die Aufgabenstellung mit der Methode störungsfrei verknüpfen (z. B. schriftliche/mündliche Einzelarbeit in einer Gruppenarbeit)? Wie Sie klare Aufgaben und Anweisungen geben, erfahren Sie in der Checkliste M14.
☐	Auf Phasierung achten	Hier liegt im Unterricht eine der größten Störquellen, wenn nicht vom Lehrer strikt darauf geachtet wird, dass die **Unterrichtsphase** von allen Schülern auch so respektiert wird: — in einer Stillarbeitsphase wird nicht miteinander gesprochen (auch nicht leise); — in einer Übungsphase üben auch wirklich alle (möglich: differenzierende Übungen); — im gelenkten Unterrichtsgespräch ruft keiner dazwischen; — bei einer abschließenden Erörterung klinkt sich keiner aus dem Geschehen aus; — bei einer Gruppenarbeitsphase beteiligen sich alle an der Gruppenarbeit; — usw.

3. Das Störverhalten des Schülers bzw. der Schüler als Signal verstehen

In den folgenden Arbeitsschritten geht es um Störungen, die nicht in erster Linie durch den Unterricht, sondern durch Schüler verursacht sind, die sich in einer schwierigen Lage befinden – etwa in ihrer Entwicklung (z. B. Pubertät), in der Klasse/Gruppe (Interaktion), in ihrer Selbstwahrnehmung.

Gerade bei diesen Interventionen sollten Sie die Grundregeln beachten, die bei den Sofortmaßnahmen bereits erläutert wurden und die Sie bei der Erweiterung Ihres persönlichen interventiven Handlungsprogramms bereits kennen gelernt haben:

— deeskalieren

— unbedingt *angemessen* intervenieren

— sich auf keinen Machtkampf einlassen

— schnell zum Unterricht zurückkommen

Bei verbaler oder körperlicher Gewaltanwendung müssen Sie allerdings sofort eingreifen (unverzüglich für Ruhe sorgen, Trennung; aber keine voreilige einseitige Stellungnahme).

☐	Erste Einschätzung des Schülers vornehmen	Lassen Sie sich niemals durch eine Unterrichtsstörung aus der Ruhe bringen! Behalten Sie die **Handlungshoheit**! Wenn Sie der Meinung sind, dass die Unterrichtsstörung eindeutig durch den Schüler verursacht ist (und nicht z. B. durch den Unterricht oder durch Mitschüler), dann ordnen Sie den Schüler für sich schnell ein: — normalerweise eher unauffällig oder auffällig — in der Situation eher ruhig oder aufgeregt — für dieses Verhalten bereits bekannt oder nicht
☐	Nicht persönlich nehmen	Nehmen Sie die Störung **nicht persönlich**, auch wenn diese gegen Sie gerichtet war. Trennen Sie für sich deutlich Störung und Störer. Denn nur so ist es Ihnen möglich, den Sachverhalt (die Störung) auch klar zu erkennen. Wenn Sie die Störung sofort als Beleidigung, Missachtung, Provokation Ihrer Person einordnen und werten, dann überdecken Sie vielleicht das Signal, das damit vom Störer ausgesendet wird.
☐	Störung einordnen	**Ordnen** Sie die Störung **ein** — in der Qualität: eher ein Scherz, ein witzige, aber unangebrachte Bemerkung oder eine schwere Attacke (verbal, körperlich); — in der Zielrichtung: auf einen oder mehrere Mitschüler, auf den Lehrer; — in der Aussage: Unmutsäußerung, Beleidigung, Drohung; — in der Form: eher normal oder aggressiv (z. B. vulgäre Sprache) — in der Situation: aus dem Affekt heraus oder bewusst gesetzt, gemacht — in der Dauer: einmalig, wiederkehrend

☐ Beruhigend einwirken ⬇	Gleichgültig wie schwerwiegend Ihrer Meinung nach die Störung zu werten ist, wirken Sie stets deeskalierend; denn Sie lösen die Unterrichtsstörung weder kurzfristig noch langfristig dadurch, dass Sie die Störung durch Ihr Verhalten vielleicht sogar noch aufwerten.
☐ Minimal intervenieren ⬇	Intervenieren Sie so, dass möglichst mit den **geringsten** Einschnitten die Störung beendet wird, z. B. dadurch, dass Sie — kurz den Schüler/die Schüler ermahnen — einen oder mehrere Schüler umsetzen — in der Klasse für Ruhe sorgen — keine langen Erklärungen abgeben, sondern kurze Anweisungen aussprechen
☐ Schnell zum Unterricht zurückkommen ⬇	Erteilen Sie dann Arbeitsaufträge, — die den Lehr-Lern-Prozess fortsetzen, — die vom Schüler Aktivität einfordern, — die es erlauben, störende Schüler zu trennen.
☐ Kurzes Klärungsgespräch nach dem Unterricht führen ⬇	Machen Sie sofort deutlich, dass dieses **Klärungsgespräch** nicht länger als fünf Minuten dauert, zu einer Lösung führen soll und von Ihnen geleitet wird. Dieses Klärungsgespräch führen **Sie** – **Sie** erteilen das Wort, **Sie** beenden das Gespräch. Führen Sie dieses kurze Gespräch nicht vor Publikum (z. B. der ganzen Klasse), sondern als Einzelgespräch oder bei mehreren Störern als Kleingruppengespräch. **Klärung der Frage:** Was führte zur Unterrichtsstörung? — Durch zunächst subjektive Beschreibung — Durch gegenseitige Einschätzung der Aussagen — Durch Festhalten gemeinsamer Einschätzungen **Verabredung von Lösungen:** Was wollen wir in Zukunft tun? — Im Blick auf den Schüler — Im Blick auf den Lehrer — Im Blick auf den Unterricht Eventuell erteilen Sie eine Strafe (z. B. den Fall und die Lösung schriftlich darstellen lassen durch den/die Schüler). In Ausnahmefällen kann dieses kurze (!) Klärungsgespräch auch in einer größeren Pause oder sofort nach dem Unterricht geführt werden.

☐	Konfliktgespräch am Nachmittag führen **WERKZEUGKASTEN** **M15** Planung und Durchführung eines Konfliktgesprächs **M16** Benachrichtigung der Eltern ⇩	Wenn dieses kurze Gespräch Ihrer Meinung nach nicht sinnvoll ist bzw. nicht erfolgreich geführt wurde, ordnen Sie ein **längeres Konfliktgespräch** an. Wie Sie dieses Konfliktgespräch vorbereiten und durchführen können, zeigen wir Ihnen in den Materialien M15 und M16.
☐	Konfliktklärungsgespräch mit dem Schüler und den Eltern führen **WERKZEUGKASTEN** **M17** Einladung der Eltern zu einem Konflikt-Klärungs-Gespräch	Bisweilen ist der Schüler nicht bereit, sein Verhalten/seine Einstellungen zu ändern oder er setzt trotz Zusagen seine Störungen fort, dann ist ein Konflikt- und Klärungsgespräch des Schülers im Beisein der **Eltern** angeraten. Bei der Vorbereitung und Durchführung dieses Gesprächs können Sie auf die Hilfen in M15 zurückgreifen. Eine Einladung der Eltern zu diesem Gespräch finden Sie unter M17. Achten Sie darauf, dass Sie das Gespräch mit dem Schüler führen. Die Eltern sollen zunächst nicht aktiv am Gespräch teilnehmen, sondern das Störverhalten ihres Kindes zur Kenntnis nehmen sowie seine Uneinsichtigkeit wahrnehmen. **WICHTIG:** Diskutieren Sie nicht im Beisein des Schülers über die Einschätzung des Störverhaltens. Fordern Sie bei Uneinsichtigkeit des Schülers die Eltern auf, erzieherisch auf ihr Kind einzuwirken.

TO-DO-LISTE 4

Präventives Handlungsprogramm

Bei den folgenden Arbeitsschritten geht es immer um die präventive Leitfrage: Was tue ich, damit … bzw. damit nicht …? Bei den Arbeitsschritten sollen Sie Handlungsmöglichkeiten kennen lernen, die Ihnen helfen, Unterrichtsstörungen schon im Vorfeld zu dezimieren. Diese Arbeitsschritte entwickeln somit ein Handlungsprogramm, das darauf ausgerichtet ist, (mit den Schülern) Arbeits- und Verhaltensweisen zu lernen und einzuüben, über die mittel- und langfristig Unterrichtsstörungen vermieden werden. Dabei sollen die präventiven Maßnahmen Interventionen überflüssig machen oder die interventiven Maßnahmen unterstützen. Von daher ist deutlich, dass beide Maßnahmen in einem Zusammenhang stehen und sich nicht ausschließen dürfen.

1. Im Blick auf das eigene Verhalten

☐	Das persönliche Verhaltensrepertoire aus dem interventiven Handlungsprogramm einüben und bewusst einsetzen	Wenn Sie Ihr interventives **Verhaltensrepertoire** kompetent einsetzen möchten, sollten Sie die eigenen Möglichkeiten nicht nur kennen, sondern im Unterricht üben (trainieren). Achten Sie im Unterricht daher bewusst darauf, wie Sie sich verhalten (nicht nur bei Unterrichtsstörungen). Setzen Sie die Möglichkeiten des interventiven Handlungsprogramms immer wieder bewusst ein. Achten Sie bei sich (!) auf — Professionalität — Konsequenz — Regelbeachtung — Verständigung — Deeskalation — Selbstbeobachtung

☐	Verlässlich sein	Diese Dimension Ihres Verhaltens ist geradezu die **Basis** für das Verhalten Ihrer Schüler. Mit Verlässlichkeit ist die **Konsequenz im eigenen Verhalten** gemeint. Damit eine gute Basis der Zusammenarbeit entsteht, muss man sich aufeinander verlassen können. Verlässlichkeit bildet Vertrauen. Ihre Schüler müssen sich darauf verlassen können, — dass auch Sie sich an die geltenden Regeln halten – z. B. pünktlich zum Unterricht kommen, — dass Sie vorbereitet sind, — dass Sie auch in schwierigen Situationen klaren Kopf behalten, — dass Sie zu Ihren Vorstellungen und Versprechen stehen. **WICHTIG:** Verlässlichkeit ist eine Kraft, die Unterrichtsstörungen entgegenwirkt!

☐ Freundlich sein	Sie als Lehrer sind in besonderer Weise aufgerufen, **Freundlichkeit** in der Schule und im Unterricht zu gewährleisten. Die Freundlichkeit ist die Brücke, sich auf schwierige Situationen einzulassen. Mit Ihrer Freundlichkeit — entkrampfen Sie schwierige Situationen, — entschärfen Sie Konflikte, — öffnen Sie Augen und Ohren für Argumente, — entwickeln Sie Bereitschaft und neue Perspektiven — usw. **TIPP:** Auch beim Lächeln zeigt man die Zähne.
☐ Respektvoll sein	Ganz im Unterschied zur weitläufigen Meinung ist es nicht so, dass man sich Respekt erst verdienen muss, sondern jeder hat das Recht, **respektvoll behandelt** zu werden. Es gehört zu den Grundrechten des Menschen, es gebührt – etwas hochtrabend argumentiert – seiner Würde. Ohne Respekt ist ein gutes erzieherisches Verhältnis nicht möglich. Respekt meint Achtung. Im täglichen Umgang wird gegen diese Achtung des Schülers nicht selten verstoßen. Gehen Sie mit Ihren Schülern respektvoll um, — indem Sie diese nicht (vor der Klasse) bloßstellen, — indem Sie diese nicht auslachen oder beschämen, — indem Sie nicht öffentlich Noten verteilen, — indem Sie Fehler zulassen und diese als Lernmöglichkeit ansehen, — indem Sie Störung und Störer sorgsam voneinander unterscheiden, — indem Sie Zeit haben für Ihre Schüler und deren Nöte — usw. **TIPP:** Machen Sie bewusst vor, wie man sich verhält. (Denken Sie daran, dass Ihre Schüler dies durch Sie lernen können – auch zu Ihrem Vorteil.)
☐ Offen sein	Wenn Unterricht als Lehr-Lern-Prozess verstanden wird, liegt das Missverständnis nahe, dass die Rollen in diesem Prozess klar zugeordnet sind: Der Lehrer lehrt und der Schüler lernt. Mit einer solchen starren Rollenzuteilung ist ein zweites Missverständnis verknüpft: Weil der Lehrer lehrt, weiß er, worauf es ankommt, er muss nicht mehr offen sein; und weil der Schüler lernt, muss er offen sein für das Lernen. Aber der Unterricht ist ganz wesentlich auch ein **Interaktionsprozess**. Das Gelingen dieses Prozesses ist entscheidend davon abhängig, dass die Interagierenden, Schüler und Lehrer (!), offen sind für diesen Prozess. Ihre Offenheit ist daran zu erkennen, — dass Sie Anregungen von Seiten der Schüler nicht als Störung Ihrer Planung ansehen, sondern als Bereicherung; — dass Sie bereit sind, auch auf die Interessen und Bedürfnisse der Schüler einzugehen;

		— dass Sie Kritik an Ihrem Unterricht nicht als „Majestätsbeleidigung" einstufen, sondern als Ausdruck dafür, wie der Unterricht auf Ihre Schüler wirkt; — dass Sie Störungen nicht nur als zu beseitigendes Übel betrachten, sondern auch als Signal für etwas, das (noch) nicht in Ordnung ist; — dass Sie immer wieder um ein Feedback der Schüler zum Unterricht bitten – was läuft gut, wo hakt es, was sollte beachtet werden usw.
☐	Feedback geben (besonders loben)	Wenn Unterricht als Interaktionsprozess verstanden wird, in dem gelernt werden soll, dann ist es wichtig, dass die Lernenden erfahren, **was** und **wie** sie gelernt haben bzw. immer noch lernen. Dies bedeutet: Achten Sie als Lehrer darauf, dass Sie den Schülern ein Feedback geben – zu ihrem Verhalten und zu ihren Leistungen.
☐	Positiv orientiert sein **WERKZEUGKASTEN** **M18** Checkliste: Mein Verhaltensrepertoire	Damit ist natürlich nicht gemeint, alles schön reden zu wollen oder von einem unerträglichen Optimismus getrieben zu sein. Vielmehr geht es darum, den Unterricht immer auch als Chance zu sehen, — bisher nicht Verstandenes zu lernen, — bisher Unverstandenes zu verstehen, — bisherige Fehler zu überwinden, — Neues, sogar Überraschendes zu entdecken, — usw. Diese positive Orientierung meint somit eine Grundeinstellung zum Unterricht – nicht als lästige Pflicht, sondern als eine lebendige Möglichkeit für Sie und Ihre Schüler! Beurteilen Sie, inwieweit Sie fähig sind, interventiv und präventiv Unterrichtsstörungen zu beseitigen. Die Checkliste fasst die bisher besprochenen Handlungsmöglichkeiten zusammen. Kennen Sie weitere, sollten Sie diese hinzufügen. Schauen Sie sich von Zeit zu Zeit Ihre Beurteilung an und fragen Sie sich, ob und welche Fortschritte Sie bereits gemacht haben.

2. Im Blick auf den Unterricht

☐	Das unterrichtsbezogene Verhaltensrepertoire aus dem interventiven Handlungsprogramm einüben und bewusst einsetzen	Wenn Sie Ihr interventives Verhaltensrepertoire im Blick auf die Unterrichtsführung kompetent einsetzen möchten, sollten Sie die Möglichkeiten nicht nur kennen, sondern im Unterricht üben (trainieren). Achten Sie bewusst darauf, wie Sie den Unterricht führen (nicht nur bei Störungen). Setzen Sie die Möglichkeiten des **interventiven Handlungsprogramms** immer wieder bewusst ein. Ihre Unterrichtsführung sollte stets dadurch gekennzeichnet sein, dass Sie auf — Unterrichtsfluss, — Konzentration,

WERKZEUGKASTEN **M19** Checkliste: Classroom-Management ⬇	— Abwechslung, — Differenzierung und Kooperation, — Lebensbezug und Motivation, — Klarheit der Aufgabenstellung, — Phasierung achten.
☐ Gut vorbereiten ⬇	Hier geht es um eine **Planung** eines ungestörten Unterrichts nach Kriterien, die eine effektive Lernzeit anstreben. Planen Sie Ihren Unterricht so, — dass Sie mögliche Schwierigkeiten schon vorausschauen und entsprechend berücksichtigen und — dass Sie die Kriterien eines guten Unterrichts beachten.
☐ Stetige Planung beachten ⬇	Unterrichtsplanung wird im Schulalltag leider immer wieder vernachlässigt. Einerseits ist das verständlich bei der Vielzahl der täglichen Aufgaben, die auf einen Lehrer einprasseln (Verwaltung, Gespräche usw.). Andererseits ist eine mangelhafte **Unterrichtsvorbereitung** nicht nur die Ursache für einen schlechten Unterricht, sondern gerade auch eine große Quelle für Unterrichtsstörungen. Beachten Sie darum die wesentlichen Kriterien eines guten Unterrichts und eines guten Classroom-Managements.
☐ Nachhaltiges Lernen initiieren	Der Begriff der **Nachhaltigkeit** ist leider durch einen extensiven Gebrauch in seiner konkreten Bedeutung etwas verwässert. Dennoch ist dieser Begriff für das Lernen äußerst wichtig, gerade wenn Lernen an abrufbare Leistungen geknüpft wird; denn so wird Nachhaltigkeit fast ausschließlich an dem Lernergebnis festgemacht (das Erlernte auf Aufforderung hin zeigen zu können, besser noch: mit dem Erlernten auf Aufforderung hin eine gestellte Aufgabe lösen zu können). Das ist wichtig, aber bei Weitem noch nicht alles. Nachhaltigkeit bezieht sich gerade auch auf den Lernprozess; denn ein guter Lernprozess ist nachhaltig für das Lernen selbst und minimiert Lern- und Unterrichtsstörungen. Worauf ist dabei zu achten? — Vielfältige Aktivitäten im Lernprozess initiieren, — Freude beim Lernen ermöglichen, — an Erfahrungen und aktuelle Situationen anknüpfen, — unterschiedliche Anwendungsmöglichkeiten (gerade auch praktische) bereitstellen, — selbstständiges Arbeiten und Instruktion miteinander verknüpfen, — das Gelernte reflektieren und repräsentieren, — unterschiedliche, besonders aber auch kooperative Lernformen einsetzen.

3. Im Blick auf das Verhalten der Klasse

☐	Klassenregeln bewusst halten **WERKZEUGKASTEN** **M20** Kriterien für Klassenregeln	In den meisten Klassen hat der Klassenlehrer mit seinen Schülern **Regeln** vereinbart. Besonders in höheren Klassen wird häufig versäumt, diese Regeln bewusst zu halten, sodass dann in einem 8. Schuljahr die Regeln der Erprobungsstufe unbekannt sind. Falls Sie die Regeln, die mit dem Klassenlehrer vereinbart sind, nicht kennen, lassen Sie sich darüber vom Klassenlehrer informieren: Fragen Sie nach! Dann können Sie sich in der Klasse bei Unterrichtsstörungen darauf berufen. Sollte es (noch) keine Regeln geben, wäre das ein guter Anlass, mit dem Klassenlehrer oder dem Klassenteam solche Regeln zu vereinbaren und einzuüben (konzentrieren Sie sich dabei auf Regeln, die helfen, Unterrichtsstörungen zu vermeiden bzw. zu beenden). Hier sind besonders die Aspekte zu beachten, die unter dem Kriterium „nachhaltiges Lernen" bereits aufgelistet wurden. Achten Sie darauf, dass Sie diese Kriterien, nach denen Sie Ihren Unterricht planen, auch als Regeln für das Schülerverhalten formulieren, nämlich — dass die Schüler **aktiv** am Unterricht teilnehmen, — dass sie **Interesse** an den Sachverhalten entwickeln, — dass sie im Rahmen ihrer Möglichkeiten etwas **leisten**, — dass sie die Leistungen anderer **achten**, — dass sie sich selbst und ihre Mitschüler **nicht** an Noten oder Punkten **messen**, — dass sie beim Lernen auf ihre **Erfahrungen** zurückgreifen, — dass sie das Gelernte **praktisch** anwenden und überprüfen, — dass sie möglichst **selbstständig** (mit anderen Schülern) arbeiten, — dass sie Mitschülern ihr Wissen und Können vermitteln und ihnen so **helfen**.
☐	Stetige Beziehungen zu den Schülern aufbauen	Es kommt entscheidend darauf an, dass die Schüler das Gefühl haben, dass **sie Ihnen wichtig** sind und dass sie sich **auf Sie verlassen** können. Das sollte die *unverbrüchliche Grundlage* im täglichen Unterricht sein, über die man nicht sprechen muss, sondern die die Schüler erleben und auch erwarten können.
☐	Feedback-Strukturen installieren	Es ist bereits darauf hingewiesen worden, dass Sie und die Schüler – nicht erst bei Unterrichtsstörungen – ein Feedback geben können und erwarten dürfen (vgl. dazu To-do-Liste 2 „Schülerfeedback' und Fragebogen M7).

☐	Regeln üben, üben, üben	Im Alltag, im täglichen Unterricht, im Spiel! Für die Schüler muss es **selbstverständlich** werden, sich an Regeln zu halten. Aber dies wird es nur, wenn auch Sie sich stets an die Regeln halten.
		Ein Wort noch zu **Sanktionen**: In der Einübungsphase der Regeln sollte nicht sanktioniert werden. Wenn Sie der Meinung sind, dass alle die Regel in ihrem Sinn einsehen und geübt haben, besprechen Sie mit Ihren Schülern, was geschehen soll, wenn sich jemand (bewusst) nicht an die Regel hält. Achten Sie dabei darauf, dass die Sanktionen nicht einfache Bestrafungen sind, sondern immer auch als Hilfen verstanden werden, sich an die Regeln zu halten. Beispiele: Wer seine Hausaufgaben (häufiger) nicht erledigt hat, muss diese in Zukunft für eine gewisse Zeit unaufgefordert dem Lehrer vorlegen. Wer häufiger während des Unterrichts unaufgefordert spricht und so sich und andere stört, schreibt für die nächste Stunde ein Ergebnisprotokoll. **TIPP:** Vorsicht mit zu schnellen Sanktionen!

4. Im Blick auf das Verhalten einzelner Schüler

☐	Einschätzungen von Schülern reflektieren	Es ist natürlich, dass Sie sich im Verlauf Ihres Unterrichts „Bilder" von den einzelnen Schülern machen. Aber solche Bilder verfestigen sich schnell im Kopf zu Vorurteilen. Behalten Sie hier Ihre Handlungshoheit und machen Sie sich nicht zum Sklaven dieser Bilder und Vorurteile. Unterziehen Sie Ihre Vorstellungen (Bilder) immer wieder einer **kritischen Reflexion**.
☐	Klärungsgespräch mit dem Klassenlehrer führen	Sollte ein Schüler Ihren Unterricht trotz Ihrer pädagogischen Bemühungen immer wieder stören, suchen Sie das klärende Gespräch mit dem **Klassenlehrer**. Sollte sich herausstellen, dass ein bestimmter Schüler in (fast) allen Fächern stört, so ist zu überlegen, ob nicht der Klassenlehrer hier tätig werden muss (Absprachen im Klassenteam; Gespräche mit den Eltern, Einberufung einer Klassenkonferenz, evtl. sogar Ordnungsmaßnahmen). Übergeben Sie so die Angelegenheit in die Verantwortung der Schule.

☐	Schulische Maßnahmen anregen	Nicht nur im Schulgesetz des Landes NRW wird eindeutig festgestellt: „Ordnungsmaßnahmen sind nur zulässig, wenn erzieherische Einwirkungen nicht ausreichen." (§ 53,1) Selbstverständlich gibt es in Ausnahmefällen auch diese Möglichkeit; aber der Grundsatz der Verhältnismäßigkeit muss sehr genau beachtet werden. In der Regel handelt es sich bei solch massiven Vorfällen gar nicht um eine Unterrichtsstörung, sondern um ein anderes Vergehen, z. B. Beleidigung, Gewalt, Sachzerstörung usw., das zwar auch den Unterricht stört, aber nicht primär gegen den Unterricht gerichtet ist, sondern gegen eine Person oder Sache. An manchen Brennpunktschulen mag die Durchführung des Unterrichts kaum möglich sein. Aber auch hier handelt es sich nicht wirklich um Unterrichtsstörungen, sondern um grundlegende Störungen im Erziehungsverhältnis. Wie schon einleitend gesagt: Es gibt in der Tat einige (wenige) Schülerinnen und Schüler, die wirklich nicht schulreif sind oder ernsthafte (Entwicklungs-)Störungen haben. Aber für diese (wenigen) Fälle benötigen nicht Sie als Lehrer Hilfen, sondern diese Schülerinnen und Schüler benötigen professionelle Hilfe durch Psychologen und Verhaltenstherapeuten. Dies ist aber nicht Gegenstand dieses Buches.
☐	Entwicklungs- und Beratungsgespräch mit dem einzelnen Schüler **WERKZEUGKASTEN** M21 Merkmale von Entwicklungs- und Beratungsgesprächen	Sie kennen wahrscheinlich **Planungs- und Entwicklungsgespräche** als Instrument der Personalführung zwischen Lehrern und Schulleitern. Diese Gespräche sind auch zwischen Lehrern und Schülern sehr nützlich. In der Praxis wird Ihnen die Zeit fehlen, mit allen Schülern solche Gespräche führen zu können. Bei den unproblematischen Schülern genügt ein regelmäßiges Feedback von Ihrer Seite – im Unterricht oder auch außerhalb des Unterrichts als lobende Anerkennung, als kritische Anmerkung, als aufmunternder Hinweis usw. Bei auffälligen Schülern sollten Sie jedoch kurze Entwicklungs- und Beratungsgespräche führen. Dabei sind im Unterschied zu den Konfliktgesprächen einige besondere Regeln zu beachten, die wir Ihnen in M21 vorstellen.
☐	Abkommen/Vertrag schließen **WERKZEUGKASTEN** M22 Beispiel Zielvereinbarung	Abkommen oder **Verträge** zwischen Schule/Lehrer und Schülern sind innerhalb der pädagogischen Diskussion strittig. Wenn wir Ihnen dennoch dieses Instrument vorschlagen, dann genau aus pädagogischen Gründen: In diesen Zielvereinbarungen wird der Schüler als Subjekt seiner eigenen Erziehung wahrgenommen. Diese Zielvereinbarungen dürfen jedoch nicht über den Kopf des Schülers gestülpt werden; vielmehr müssen sie fair ausgehandelt worden sein; d.h. sie müssen auch für den Schüler einsichtig sein und sie müssen von ihm auch erfüllt werden können.

☐ Trainingsraummodell kritisch hinterfragen	Ein abschließender Hinweis auf das **Trainingsraummodell**: Das Konzept eines separaten Raums mag für manche Schulen, die in besonderer Weise mit Erziehungsschwierigkeiten konfrontiert sind, hilfreich sein. Dadurch, dass es störende Schüler für eine gewisse Zeit vom Unterricht ausschließt, macht es für die anderen Schüler Unterricht möglich. Aber wie bei der Anwendung von Ordnungsmaßnahmen ist dies eine schulische Entscheidung. Außerdem gibt es in der pädagogischen Diskussion erhebliche Bedenken. Sie verweisen auf den zugrundeliegenden Gedanken, dass der Schüler den Unterricht stört und er sich somit verändern muss. Eine solche monokausale Erklärung eines vielschichtigen Problems wie das der Unterrichtsstörung ist theoretisch wie praktisch fragwürdig. Es stellen sich noch zwei weitere Fragen: Zum einen ist dieses Modell ungeheuer aufwendig (es benötigt viele Stunden der Aufsicht führenden Kollegen), zum anderen besteht die Gefahr, dass schon bei kleineren Störungen Schüler zum Trainingsraum geschickt werden. Es besteht kein Zweifel: Massive Fälle von Unterrichtsstörungen sind für die betroffenen Schulen ein schlimmes Problem und diesen Schulen muss geholfen werden. Aber sollte man die äußerst zeitaufwendigen Ressourcen nicht besser für sozialpädagogische oder therapeutische Maßnahmen aufwenden, mit deren Hilfe diese Schüler erst unterrichtsreif gemacht werden?!

WERKZEUGKASTEN

Sofortmaßnahmen

Akute Unterrichtsstörungen

Damit Sie die Handlungsschritte im Notfall sofort parat haben, stellen wir die wichtigsten Regeln und Tipps hier übersichtlich als Checkliste zusammen. Sie prägen sich diese Grundregeln besonders gut ein, wenn Sie sie in Ihrem täglichen Unterricht beachten. Selbstverständlich können und sollen Sie diese Liste für Ihre eigenen Bedürfnisse, auf Ihre Umstände hin, überarbeiten. Machen Sie daraus Ihre professionellen Regeln für Ihren Berufsalltag.

Checkliste bei akuten Störungen

Grundregel: minimal intervenieren!

Was tun?	Was unbedingt unterlassen?
Ruhe bewahren	Emotional reagieren
Verbindlich bleiben	Laut werden, schimpfen
Unterricht straff führen	Diskussionen aufnehmen oder zulassen
Sitzordnung überprüfen (verändern)	Auf Machtkampf einlassen
Blickkontakt aufnehmen	Bei absichtlichen Störungen wegsehen
Deeskalieren („Ball flach halten!")	Störungen persönlich nehmen
Konkrete Anweisungen geben	Drohen oder ungerecht werden
Schnell zum Unterricht zurückkehren	(Lange) Vorträge halten

Grundsätzliche Frage:

Muss ich in diesem Moment explizit auf die Unterrichtsstörung eingehen?

Wenn diese Frage nicht eindeutig bejaht werden kann, nicht (!) explizit darauf eingehen.

Wenn diese Frage eindeutig bejaht werden kann, minimal eingreifen und obige Verhaltensregeln beachten.

Grundsätzliche Blickrichtung: Unterricht fortführen!

— Aufmerksamkeit der Klasse auf den Unterricht lenken

— Aktivität der Schüler fordern und fördern

— Keine Reflexionsphase, keine Zuhörerrolle für die Schüler

M2 Kurzanalyse einer Unterrichtsstörung

Selbstverständlich müssen Sie nicht jede kleine Störung eingehend analysieren. Das wäre höchst ineffektiv. Aber wenn sich in Ihrem Unterricht – auch kleinere – Störungen häufen oder diese in einer bestimmten Lerngruppe immer wieder auftreten, dann sollten Sie nach dem Unterricht eine Kurzanalyse durchführen. Sie kann die Ursache für die Unterrichtsstörung deutlich machen und Ihnen somit helfen, schnell Abhilfe zu schaffen.

Manchmal sind die Ursachen für Unterrichtsstörungen nicht so offensichtlich. Dann bietet Ihnen *eine Reihe* solcher Kurzanalysen das Material für eine grundsätzliche Diagnose.

In beiden Fällen kann Ihnen der Beobachtungsbogen „Kurzanalyse einer Unterrichtsstörung" helfen.

Beobachtungsbogen: Kurzanalyse einer Unterrichtsstörung

Klasse:_____ Datum:_____ Wochentag:_____ Stunde:_____

Stichwortartige Kurzbeschreibung der Störung:
_____
_____

Welche Schüler waren daran beteiligt?
_____
_____

Umstände der Störung:

Unterrichtsphase:
_____

Unterrichtsorganisation:
_____

Situation in der Klasse:
_____

Raumsituation:
_____

Andere mögliche Störfaktoren:
_____

© 2014 Cornelsen Schulverlage, Berlin. Alle Rechte vorbehalten.

Diagnostische Aufgaben

Der erste Schritt zur Souveränität: Selbstdiagnose

Auch eine Diagnose ist ein Handlungsschritt, nämlich der zur Souveränität! Natürlich möchten Sie erfahren, was Sie konkret in der Störsituation machen können. Die To-do-Liste 1 gibt Ihnen daher Sofortmaßnahmen und die To-do-Liste 3 entfaltete Interventionsmöglichkeiten an die Hand.

Wenn aber immer wieder (neue) Störungen auftreten, reichen Ad-hoc-Maßnahmen nicht, weil offensichtlich das zugrundeliegende Problem nicht gelöst ist. Hier muss zunächst die Frage nach der Ursache für die Störung geklärt werden. Bei den Arbeitsprogrammen (To-do-Liste 2) haben wir Ihnen drei Möglichkeiten angeboten, wie Sie das herausfinden können: Selbstbeobachtung, Fremdbeobachtung, Schülerfeedback.

Wir stellen Ihnen hier weitere Hilfsmittel vor, mit denen Sie leichter herausfinden können, wo die Ursachen liegen, damit Sie dann konkret interventiv bzw. auch präventiv handeln können.

Vorab aber noch eine kleine Geschichte zum Nachdenken. Wir zitieren Reinhold Miller aus seinem Buch „Als Lehrer souverän sein":

„Ein Mann beobachtet einen Holzfäller, wie er unter größter Anstrengung Bäume absägt. ‚Ihr Sägeblatt ist ganz stumpf', bemerkt der Mann, ‚Sie müssen es schärfen, dann geht alles viel besser.' – ‚Schärfen?', fragt der Holzfäller. ‚Dazu habe ich keine Zeit; ich muss doch sägen.'"

Der Holzfäller sagt etwas Richtiges: Er muss sägen. Gleichzeitig sagt er etwas Falsches: Er hat keine Zeit. Wenn aber die Säge stumpf wird, verliert er Zeit, und je stumpfer sie wird, umso mehr. So verhält es sich auch mit Unterrichtsstörungen. Wenn sie auftreten, müssen sie möglichst rasch beseitigt werden (vgl. Sofortmaßnahmen). Aber wenn sie immer wieder auftreten, dann kosten sie Zeit (und auch Nerven). Die Maßnahmen, die beim ersten Mal vielleicht geholfen haben, greifen nicht mehr. Auch hier gibt es in der Regel Lösungen (Handlungsmöglichkeiten). Aber diese sind nicht so offensichtlich oder komplexer. In diesen Fällen ist es wichtig, die Unterrichtsstörung zu verstehen; denn sie will Ihnen etwas sagen.

1. Grundregel: Unterrichtsstörungen haben Vorrang!
Die Begründung ist einfach: Wenn sie nicht behoben werden, verhindern sie effektive Lernzeit, das Wesen des Unterrichts. Ein grobes Missverständnis liegt vor, wenn Sie sofort intervenieren und dann lang und breit die Unterrichtsstörung thematisieren. In diesem Fall ist die Intervention meist die größere Störung.
Der effektivere Weg: kurz intervenieren und auf den Unterricht zurückführen. Aber: Die Störung als Problem im Kopf behalten und später analysieren (Kurzdiagnose), um so zur Problemlösung zu gelangen.

2. Grundregel: Unterrichtsstörungen als Signale auffassen!
Wenn Sie die Bedeutung dieser Signale verstehen, können Sie die Ursachen der Störung erkennen. Durch die Analyse der Störfaktoren lässt sich fast immer der Schlüssel für eine *nachhaltige* Lösung finden.

Sie haben bei den Sofortmaßnahmen bereits einen Beobachtungsbogen für Unterrichtsstörungen kennen gelernt. Die ausgefüllten Beobachtungsbögen sind Ihr Ausgangsmaterial, das Sie mit Hilfe des folgenden Analysebogens (M3) differenziert auswerten können. Dabei geht es um folgende Beobachtungskriterien.

1. Art der Störung
Die angegebenen Kriterien können bei den Störungen miteinander verknüpft sein. Von daher können auch mehrfach Kreuze gesetzt werden. Schwätzen z. B. drei Schülerinnen (Yüksel, Anne, Sarah) in fast jeder Stunde miteinander, dann handelt es sich (1) um viele kleine Störungen (2) von denselben Schülerinnen, (3) die immer wieder in Ihren Stunden und (4) zwischen den Schülern auftreten.

2. Symptome der Störung
In der Regel sind Unterrichtsstörungen nicht monokausal erklärbar. Gerade deshalb ist diese Ursachenermittlung auch nicht einfach. Nicht selten liegt ein Ursachensyndrom vor. Wenn Sie die Symptome der Unterrichtsstörungen beobachten, erhalten Sie manche Hinweise über die Ursachen.

3. Unterrichtlicher Bereich der Störung
Dieses Kriterium ist deshalb wichtig, weil von hier aus gute Hinweise zu gewinnen sind, worauf Sie bei Ihrem Unterricht konkret achten müssen bzw. welche Verhaltensregeln Sie mit der Klasse noch (ein-)üben müssen.

4. Richtung der Störung
Damit ist nicht nur die bewusste Richtung der Störung gemeint, z. B. die gezielte Unterbrechung des Lehrervortrags durch laute Zwischenbemerkungen, sondern gerade auch die tatsächliche Richtung der Störung, die aber nicht bewusst gesetzt ist, z. B. die leisen Zwischenbemerkungen zu Mitschülern, die den Lehrervortrag stören, aber eben auch die Konzentration der Mitschüler. Von daher sind auch hier Mehrfachnennungen möglich.

5. Unterrichtsfolgen
Wenn Unterrichtsstörungen keine größeren Folgen für den Unterricht nach sich zögen, müsste auch nicht besonders auf die Beseitigung von Unterrichtsstörungen nachgedacht werden. Die Virulenz der Beseitigung von Unterrichtsstörungen wird gerade an den manchmal massiven Folgen deutlich.

Gehen Sie beim Einsatz dieses Bogens in folgender Weise vor. Werten Sie Ihre Kurzbeobachtungsbögen so aus, dass Sie die folgenden Analysekriterien anlegen. Wenn ein Kriterium zutrifft, vermerken Sie es mit einem Strich auf dem Analysebogen. Wenn Sie alle Beobachtungsbögen in dieser Form ausgewertet haben, können Sie an der Verteilung der Striche ersehen, wo besondere Analysepunkte im Blick auf die Störungen Ihres Unterrichts vorliegen. Gewichten Sie diese Faktoren auf Grund ihrer Häufigkeit. Dies kann Ihnen helfen, aus den angebotenen To-do-Listen die auszuwählen, die für Sie besonders dringlich ist.

Analysebogen für Unterrichtsstörungen

Klasse:_____ Datum:_____ Wochentag:_____ Stunde:_____

(ankreuzen bzw. ausfüllen)

1. Art der Unterrichtsstörung

	von vielen	von einzelnen	von denselben (Namen)
1. Viele kleine Störungen			
2. Massive, gravierende Störungen			
3. Wiederkehrende Störungen			
4. Aktive Störungen			
5. Passive Störungen			
6. Zwischen Schülern			
7. Zwischen Schülern und Lehrer			

2. Symptome der Unterrichtsstörung

motorisch	somatisch	psychisch	sozial
medial	thematisch	methodisch	situativ

3. Unterrichtlicher Bereich

Eingangsphase	Schlussphase	bei Übergängen
Lehrervortrag	Unterrichtsgespräch	Plenumsarbeit
Einzelarbeit	Partnerarbeit	Gruppenarbeit

4. Richtung der Unterrichtsstörungen

Ein Schüler gegen den Unterricht	Ein Schüler gegen Mitschüler	Ein Schüler gegen Lehrer
Mehrere Schüler gegen den Unterricht	Mehrere Schüler gegen Mitschüler	Mehrere Schüler gegen Lehrer

5. Unterrichtsfolgen

Einfache Störung (Unterbrechung/Stockung)	Komplexe Störung (Interaktion)	Störung der Vermittlung (Methode/Organisation)
Störung des Inhalts (Erschließung, Bezugnahme, Integration)	Wechselseitige Störung wegen fehlender Passung	Erhebliche Beeinträchtigung der effektiven Lernzeit

Schwerpunkte der Unterrichtsstörungen:

_____

_____

_____

M4 Die eigene Position bestimmen

In der bisherigen Analyse haben Sie den Blick auf den Unterricht und die Unterrichtsstörungen gelenkt und Unterrichtsstörungen als Signale interpretiert. Die jetzt folgende Analyse richtet den Blick auf Sie selbst. Diese Analyse ist deshalb so wichtig, weil letztlich nur Sie die Unterrichtsstörungen beseitigen können, die in Ihrem Unterricht auftreten. Schätzen Sie sich selbst in Ihrem Wissen und Können, in Ihren Einstellungen und Haltungen ein. Der folgende Fragebogen macht aber nur Sinn, wenn Sie mit sich selbst ehrlich umgehen.

Dringender Hinweis: Bei der folgenden Analyse geht es weder um Schuldzuweisungen noch um Kompetenzzuschreibungen, sondern einzig und allein darum, dass Sie für sich einen Ansatzpunkt finden, mit Störungen in Ihrem Unterricht effektiv umzugehen.

Neben den angebotenen Beschreibungen könnten auch noch andere gesetzt werden. Nehmen Sie für sich die Beschreibung, der Sie sich am ehesten zuordnen können. Die beiden ersten Beschreibungen weisen darauf hin, dass Unterrichtsstörungen weniger durch Sie selbst verursacht werden, die beiden letzten Beschreibungen verweisen auf einen Handlungsbedarf; denn diese provozieren oder verursachen sogar Unterrichtsstörungen. Auch hier finden Sie bei den To-do-Listen konkrete Handlungsschritte, die Sie bei Ihrer Planung beachten sollten, damit erst gar keine Unterrichtsstörungen durch Sie verursacht werden.

Fragebogen zur eigenen Position

Klären Sie mit Hilfe der folgenden Fragen mögliche Arbeitsbereiche ab:

Meine Beziehung zu Schülern
- ❏ partnerschaftlich/freundlich
- ❏ gegenseitig/respektvoll
- ❏ klar geordnet/professionell
- ❏ distanziert/kühl
- ❏ autoritär/disziplinierend
- ❏ _____

Mein Verhalten als Lehrer
- ❏ engagiert/mit „Leib und Seele"
- ❏ interessiert
- ❏ pflichtbewusst
- ❏ der Pflicht genügend
- ❏ nicht immer der Pflicht genügend
- ❏ _____

Mein Wissen um die Situation (Entwicklung, Bedürfnisse, Wissen) der Schüler
- ❏ breit angelegt/involviert
- ❏ auf einem guten Stand
- ❏ genügend
- ❏ eher wenig
- ❏ will auch nicht wissen
- ❏ _____

Meine Unterrichtsvorbereitung
- ❏ genaue Planung der Reihe und der Stunde
- ❏ Planung von Stunde zu Stunde
- ❏ wenn möglich nach dem Schulbuch
- ❏ eher lässig, Skizze, überblickartig
- ❏ eher gar nicht
- ❏ _____

Meine Klassenführung (Classroom-Management)
- ❏ gekonnt, zielbewusst
- ❏ in der Regel organisiert
- ❏ wenn es sein muss, dann klar

Den vollständigen Text finden Sie auf der CD.

SWOT-Analyse

Das SWOT-Verfahren ist in den Sozialwissenschaften schon seit längerer Zeit gebräuchlich, um Stärken oder Schwächen genauer zu bestimmen und um damit Handlungsbedarf und -richtungen zu erkennen sowie einen Handlungsplan zu erarbeiten. Das SWOT-Verfahren ermöglicht ein differenziertes Bild Ihrer Fähigkeiten. Es erfasst die Qualität Ihres IST-Zustandes und beschreibt so konkrete Hinweise für Entwicklungsmöglichkeiten und Handlungsnotwendigkeiten.

SWOT bedeutet:
S – strength (Stärken: Was Sie schon gut können, was Ihnen gelingt)
W – weakness (Schwächen: Was Sie noch üben und in jedem Fall verbessern müssen)
O – opportunities (Möglichkeiten, die noch aufgegriffen oder verbessert werden können)
T – threats (Risiken, Gefahren, die Sie vermeiden sollten)

Gehen Sie den Fragebogen M4 nochmals durch. Ordnen Sie die Antworten entsprechend ein. In der folgenden SWOT-Analyse sind zur Verdeutlichung bereits einige Beispiele in Kursiv eingetragen, damit Ihnen die Zuordnung Ihrer Beobachtungen leichter fällt.

SWOT-Analyse Unterrichtsführung

strength	weakness
Meine Beziehungen zu Schülern sind respektvoll (auch bei Störungen).	*Mein Wissen um die Bedürfnisse der Schüler hält sich in Grenzen.*
Meine Analysefähigkeiten im Blick auf Unterrichtsstörungen reichen in der Regel aus.	*Für Unterrichtsvorbereitungen habe ich kaum Zeit. Ich unterrichte aus dem Augenblick heraus.*
opportunities	**threats**

M6 Der zweite Schritt zur Souveränität: Fremdbeobachtung

Die kollegiale Beobachtung (Fremdbeobachtung) ist wie die Video-Aufzeichnung in der Unterrichtspraxis zwar nicht so einfach durchzuführen, aber beide Möglichkeiten sind höchst effektive Mittel der Diagnose. Greifen Sie spätestens dann, wenn die Unterrichtsstörungen auch über die To-do-Liste 3 nicht zu beseitigen sind, unbedingt auf diese Möglichkeit zurück.
— Grundvoraussetzung: Es sollte ein Vertrauensverhältnis zwischen Ihnen und dem Beobachter bestehen.
— Klären Sie unbedingt die organisatorischen Rahmenbedingungen.
— Die Kriterien der Beobachtung beziehen sich primär auf Ursachen für Unterrichtsstörungen, aber es sollten durchaus auch in sich stimmige Verhaltensweisen und Phasen benannt werden (positive Rückmeldung).

Somit stehen im Mittelpunkt der Beobachtung das **Lehrerverhalten** und das **Schülerverhalten im Unterricht**.

Daneben gilt es noch zwei weitere Entstehungsfelder für Unterrichtsstörungen zu beachten: den **Klassenraum** und die **Organisation** im Schulsystem.

Klassenraum: Die Organisation im Klassenraum gehört zu den heimlichen Miterziehern. Dabei geht es in der Sekundarstufe weniger darum, den Klassenraum wie in der Grundschule als Klassenzimmer zu gestalten (vielleicht noch im 5. und 6. Schuljahr), sondern eher darum, darauf zu achten, dass der Klassenraum einen ungestörten Unterricht ermöglicht. Dies wird dadurch erreicht, dass z. B.
— der Raum nicht verschmutzt ist (den Unterricht erst beginnen, wenn der Raum sauber ist; kein Papier auf dem Boden, keine Flaschen auf dem Tisch usw.; für ein konzentriertes Arbeiten wichtig);
— Tische und Stühle in der gewünschten Ordnung stehen, die Schüler genügend Platz haben und sich nicht gegenseitig behindern (für eine ungestörte Interaktion der Schüler wichtig);
— die Tafel gereinigt und Kreide vorhanden ist (evtl. auch Overhead-Projektor bzw. Beamer, wenn sie benötigt werden; für einen reibungslosen Unterrichtsfluss wichtig);
— die Arbeitsmaterialien für die Stunde (und nur (!) für die Stunde) griffbereit auf dem Tisch liegen, damit die Schüler während des Unterrichts keine Zeit mit langwieriger Suche vertun (ebenfalls für einen reibungslosen Unterrichtsfluss wichtig).

Beginnen Sie Ihren Unterricht erst dann, wenn diese Bedingungen geschaffen sind.

Organisation: Dazu gehören die räumlichen, sozialen und situativen Bedingungen des Systems. Herrscht z. B. auf dem Flur noch Lärm, weil die Schüler der Nachbarklasse auf dem Flur herumlaufen, weil ihr Fachlehrer noch nicht da ist? Gab es in der Pause zwischen einigen Schülern der Klasse Streit, der immer noch nicht beigelegt ist und die Schüler keine Ruhe finden lässt? Haben die Schüler in der Stunde vorher eine Klassenarbeit geschrieben oder schreiben sie in der Folgestunde eine? Halten Sie eine solche Organisationsbedingung als eine Störquelle fest. Noch wichtiger ist, dass Sie in der Praxis den Versuch machen, diese Störquelle auszuschalten, bevor Sie mit Ihrem Unterricht beginnen – etwa durch eine kurze Atempause vor dem Unterricht, in der die Schüler still durchschnaufen können.

M6

Beobachtungsbogen: Fremdbeobachtung

Klasse:_____ Datum:_____ Wochentag:_____ Stunde:_____

Raum:_____ Organisation:_____

Zeit	Phase	Sozialform	Lehrer-verhalten verbal	Lehrer-verhalten nonverbal	Schüler-verhalten/ Aktivität	SV Inte-resse	SV Lange-weile	SV ab-wesend	Störung
8.00	Einstieg	Plenum	Lehrervortrag	entspannt	hören zu	X			Ana u. Inga in letzter Reihe schwatzen[1]
8.05	Organisation	Gruppen-bildung	hilft; bittet mehrmals um Ruhe	angespannt	suchen Partner	X			hoher Lärmpegel, fast alle reden durcheinander[2]

Anmerkungen zu den Störungen:
[1] war noch nicht wirklich angekommen, sprachen leise, hörten nicht zu
[2] mit Gruppenbildung offenbar überfordert

Störungen: Beschreiben und erläutern Sie die beobachteten Unterrichtsstörungen möglichst genau, auch durch Zusatzbemerkungen am unteren Ende des Bobachtungsbogens bzw. auf einem gesonderten Blatt. Dieser Beobachtungsbogen soll Ihnen dabei helfen,

— Unterrichtsstörungen möglichst genau zu beschreiben,
— Ursachen, die sich aus dem Unterrichtsgeschehen ergeben, zu ermitteln,
— Störungsbereiche auszumachen, besonders U-Phasen und Sozialformen,
— Störungsrichtungen festzulegen,
— Störungsfolgen zu klassifizieren.

Vereinbaren Sie schon vor der Hospitation einen Termin für die gemeinsame Analyse, möglichst für den Tag der Hospitation, weil dann die Eindrucke noch frisch sind.
Sie sollten den Analysebogen M3 (Selbstbeobachtung) ebenfalls zu Rate ziehen, um Übereinstimmungen, aber auch Abweichungen zu erkennen.
Führen Sie nun erneut eine Stärken- und Schwächenanalyse (vgl. SWOT-Analyse M5) ehrlich durch. Suchen Sie aus den interventiven bzw. präventiven To-do-Listen die Handlungsschritte aus, die Sie auf dieser erweiterten Grundlage für besonders wichtig halten.

M7 Der dritte Schritt zur Souveränität: Schülerfeedback

Vertrauen als gegenseitige Basis! Beim Schülerfeedback geht es darum, bei denen, die es betrifft, die Wirksamkeit Ihres Unterrichts abzufragen. Die Schüler sind die Experten: Sie stören den Unterricht oder sind von diesen Störungen betroffen.
Trotzdem sind sie nicht in jedem Fall bereit, bei der Befragung mitzumachen. Von daher ist es wichtig, die Schüler für das Feedback zu gewinnen. Das kann nur gelingen, wenn Sie den Schülern glaubhaft vermitteln können, dass Sie das Feedback ernst nehmen und in Ihrem weiteren Unterricht berücksichtigen werden.
Außerdem sollten Sie bereits jetzt die Schüler in die Befragung einbinden und **mit ihnen** Befragungskriterien entwickeln.
Fokussieren Sie das Thema aber nicht direkt auf Unterrichtsstörungen, sondern legen es breiter an, z. B. mit den Fragen:

— Unter welchen Bedingungen kann ich (im Unterricht) am besten lernen?
— Wodurch werde ich (im Unterricht) in meinem Lernen behindert?

Wenn Schüler hier als Experten gefragt werden, ist damit nicht gemeint, dass sie aus lerntheoretischer Sicht diese Fragen beantworten können, sondern dass sie aus ihrer subjektiven Sicht heraus antworten. Verdeutlichen Sie, was mit Bedingungen gemeint ist:

— Sachverhalte/Themen
— Arbeitsformen
— Vermittlungsstrategien
— Klassenklima
— Lernklima
— Arbeitsklima
— Lernverhalten
— Unterrichtsstörungen
— usw.

Aus den Antworten müssen Sie als Lehrer dann die sachlich richtigen Folgerungen für das Lernen und Lehren ziehen.

Skizze einer kurzen Lerneinheit:

1. Einführung der Fragestellung:
Dabei können Sie bei den Unterrichtsstörungen ansetzen (müssen dies aber nicht!). Sie können grundsätzlich von Ihrem Interesse an einer Unterrichtsgestaltung ausgehen, die es ermöglicht, dass alle Schüler im Unterricht gut lernen können (es ist wichtig, das Interesse bei den Schülern glaubhaft zu machen).

2. Brainstorming:
Stillphase (zwei Minuten): Jeder schreibt stichwortartig einige (möglichst konkrete) Aussagen auf DIN-A5-Blätter: Unter welchen Bedingungen (wie, wann, wo, was) kann ich im Unterricht am besten lernen?
Sammelphase: Die Blätter werden an der Pinnwand gesammelt und leise zur Kenntnis genommen.
Ordnungsphase: Die Blätter werden im Plenum gemeinsam „geclustert" und die Gruppen (begrifflich) benannt.

3. Arbeitsphase I:
In Kleingruppen (max. vier Schüler) werden dann zu den Clusterthemen Fragen bzw. Thesen formuliert. Hier sollten noch keine Vorgaben für die Frageform gemacht werden (offene, geschlossene Fragen), damit zunächst nur die Sache (gutes bzw. schlechtes Lernen im Unterricht) im Mittelpunkt steht.

4. Auswertungsphase im Plenum:
An der Pinnwand/Tafel werden die Gruppenergebnisse stichwortartig gesammelt, erläutert, kommentiert.

5. Instruktionsphase:
Offene und geschlossene Fragen: Kannst du in Gruppenarbeit gut lernen? Unter welchen Bedingungen kannst du in Gruppenarbeit gut lernen?
Die Vorzüge offener Fragen (der Antwortende kann verschiedene und differenzierte Antworten geben) werden bei Umfragen zu Nachteilen, weil sie sich schwieriger auswerten lassen.
Wie können geschlossene Fragen bzw. Aussagen so formuliert werden, dass sie mit Hilfe einer Wertungsskala aussageträchtig werden (differenzierte Aussagen/Fragen und differenzierte Wertungsskalen)?

6. Erarbeitungsphase II:
In (möglichst neuen) Kleingruppen werden entsprechende differenzierte Aussagen/Fragen und Wertungsskalen zu den Clusterschwerpunkten entwickelt.

7. Festlegung der Fragen/Feststellungen im Plenum
Im folgenden Befragungsbogen sind exemplarisch einige Feststellungen und Fragen zusammengestellt, die im Blick auf Unterrichtsstörungen wichtig sein können. Hier sollten Sie jedoch unbedingt (auch) die Feststellungen und Fragen aufführen, die in Ihrer Klasse erarbeitet worden sind.

Befragungsbogen: Schülerfeedback

Klasse:_____ Datum:_____ Wochentag:_____ Stunde:_____

Feststellungen/Fragen zum Klassenklima	trifft nicht zu	trifft eher nicht zu	trifft eher zu	trifft zu
Ich fühle mich in der Klasse wohl.				
Es ist mir wichtig, wie meine Mitschüler mich sehen.				
Ich glaube, dass ich den Mitschülern gleichgültig bin.				
Wir haben in der Klasse Regeln für das Zusammenleben.				
Wir halten uns im Alltag an diese Regeln.				
Ich glaube, dass diese Regeln für ein gutes Zusammenleben wichtig sind.				
Wenn sich jemand mal nicht an diese Regeln hält, berufen wir uns darauf.				
Ich denke, dass wir eine gute Klasse sind.				
Ich glaube, dass auch die Lehrer uns für eine gute Klasse halten.				
Ich glaube, dass auch die Schüler anderer Klassen uns für eine gute Klasse halten.				
Ich finde eine gute Klassengemeinschaft sehr wichtig.				
…				

Feststellungen/Fragen zum Lernklima	trifft nicht zu	trifft eher nicht zu	trifft eher zu	trifft zu
Im Unterricht und beim Arbeiten helfen sich die Schüler gegenseitig.				
Wenn einer etwas nicht verstanden hat, darf er beim Lehrer nachfragen.				
Wenn einer etwas nicht verstanden hat, darf er bei seinen Mitschülern nachfragen.				
Manchen Schülern ist es wichtig zu zeigen, dass sie mehr wissen als andere Schüler.				
Manchen Schülern sind nur die Noten wichtig.				
Es kommt vor, dass ein Schüler wegen seiner Fehler ausgelacht wird.				
Wir dürfen im Unterricht Fehler machen.				
Der Lehrer hilft den Schülern, gut mit dem Lernen voranzukommen.				
…				

M7

Feststellungen/Fragen zum Arbeitsklima	trifft nicht zu	trifft eher nicht zu	trifft eher zu	trifft zu
Ich mache regelmäßig meine Hausaufgaben.				
Ich bereite mich auf Klassenarbeiten vor.				
Der Lehrer ist fair gegenüber allen Schülern in der Klasse.				
Der Lehrer benotet die Klassenarbeiten gerecht.				
Die meisten Schüler beteiligen sich am Unterricht.				
Es kommt vor, dass Schüler nicht zum Unterricht kommen.				
Ich habe Angst, dass ich mit dem Unterrichtsstoff nicht zu Rande komme.				
...				

Feststellungen/Fragen zu Arbeits- und Lernformen	trifft nicht zu	trifft eher nicht zu	trifft eher zu	trifft zu
Ich arbeite gerne für mich allein.				
Ich arbeite gern in Gruppen.				
Ich mag es, wenn ein Lehrer der ganzen Klasse etwas erklärt.				
Ich kann nur mit einigen Schülern in Gruppen arbeiten.				
Ich diskutiere gerne in der Klasse.				
Bei Stillarbeit kann ich schlecht lernen.				
...				

Feststellungen/Fragen zum Unterricht	trifft nicht zu	trifft eher nicht zu	trifft eher zu	trifft zu
Ich lerne gerne neue Sachverhalte.				
Ich mag es nicht, wenn ich im Unterricht dran genommen werde.				
Ich mache meine Hausarbeiten und lese sie gerne vor.				

TIPP: Werten Sie die Fragebögen möglichst schnell aus, denn die Schüler haben ein Interesse an den Antworten. Die Schüler merken, dass auch Sie ein starkes Interesse an den Antworten haben (Glaubwürdigkeit). Die Rückmeldungen sollen Ihnen helfen, Unterrichtsstörungen möglichst rasch zu beseitigen.

Wenn Sie bereits bei der Erstellung mit der Fragebogensoftware Grafstat gearbeitet haben, ist die Auswertung ohne großen Zeitaufwand möglich.

Achtung: Bevor Sie mit den Ergebnissen vor die Schüler treten, sollten Sie zunächst für sich die Ergebnisse mithilfe der Kriterien für Unterrichtsstörungen (M2) pädagogisch-didaktisch auswerten.

Wenn Sie die Ergebnisse vortragen (etwa als PPP), sollten Sie vorher das Verfahren mit Ihren Schülern klären:

1. Während der Präsentation nimmt noch keiner Stellung zu den Ergebnissen – weder Lehrer noch Schüler.
2. Nach der Präsentation sollen Lehrer und Schüler möglichst sach- und inhaltsbezogen Stellung nehmen – keine persönlichen Anschuldigungen.

Im Gespräch könnten folgende Punkte diskutiert werden:
— Welche Ergebnisse sind überraschend?
— Welche Ergebnisse sind eindeutig?
— Welche Ergebnisse sind unklar?

Die Klärung von Unklarheiten und die Bedeutung der Ergebnisse stehen im Mittelpunkt der Auswertung. Erst wenn Klarheit über die Ergebnisse herrscht, sollten Folgerungen gezogen werden.

Damit möglichst alle ihre Folgerungen einbringen können, schreiben die Schüler zunächst in Einzelarbeit die fünf wichtigsten Folgerungen für sich auf einzelne Karten. Welche Folgerungen können aus diesen Ergebnissen geschlossen werden
— für den Unterricht,
— für die Schüler,
— für den Lehrer?

An der Tafel können die Folgerungen „geclustert" werden. In Gruppenarbeit einigen sich die Schüler auf die drei wichtigsten Folgerungen (Unterricht, Schüler, Lehrer) und formulieren sie als Regeln. Im Plenum stellen alle ihre Regeln vor und die Klasse einigt sich auf die drei wichtigsten je Kategorie (Unterricht, Schüler, Lehrer).

Es ist ganz wichtig, dass in der Folgezeit jeder in der Klasse (Lehrer, Schüler) auf diese Regeln hinweisen kann, wenn diese nicht eingehalten werden.

Interventives Handlungsprogramm

Die folgenden Werkzeuge sollen Ihnen helfen, interventiv bei Unterrichtsstörungen tätig zu werden. In der zugeordneten To-do-Liste geht es um die konkrete Frage: Was tue ich, wenn der Unterricht gestört wird? Dabei gibt es drei Aspekte der Intervention:
— Ihre Verhaltensmöglichkeiten, Ihr Verhaltensrepertoire,
— Ihre Schüler und deren Verhaltensrepertoire,
— Ihre Unterrichtsführung und Ihr Handlungsrepertoire.

Dabei ist die Grundregel: **Rechtzeitig** und **richtig** auf Unterrichtsstörungen eingehen!

Professionalisierung

Im Mittelpunkt steht zunächst Ihr eigenes Verhaltensrepertoire, das Sie überprüfen und ggfs. erweitern sollen. Die Metastudie von Hattie hat deutlich gemacht, was wir alle schon lange vermuteten, aber jetzt auch wissen: Wie stark der Unterrichtserfolg vom Lehrer abhängt, von seinem Umgang mit den Schülern, von seiner Unterrichtsführung. So wichtig einerseits eine Empathie für die Schüler ist, so wichtig ist andererseits die Professionalität des Lehrers, die darin besteht, dass er sein Handwerk beherrscht.

Lehrersein ist weniger eine Berufung (man muss nur gerne mit Kindern und Jugendlichen umgehen), sondern mehr ein Beruf, ein Handwerk, das erlernt werden kann. Gerade die Empathie verleitet Lehrer allzu schnell dazu, die Dinge persönlich zu nehmen, z.B. die Unterrichtsstörung als persönliche Missachtung anzusehen und in der Folge dann den Unterrichtsstörer als Person abzulehnen.

Die folgenden Ausführungen stellen einige Grundregeln und Verhaltensweisen vor, die zur Professionalisierung beitragen. Überlegen Sie, welche dieser Regeln und Verhaltensweisen Sie schon gut beherrschen, aber auch, woran Sie noch arbeiten können.

Auf dem Weg zur Professionalisierung

Grundregeln:
1. Nehmen Sie Unterrichtsstörungen nicht persönlich, sondern immer als Signal!
2. Lassen Sie sich nicht emotional auf Unterrichtsstörungen ein, sondern nehmen Sie eine innere Distanz ein, um besser beobachten zu können.
3. Analysieren Sie aus dieser Distanz die Unterrichtsstörung, um sie besser verstehen zu können.

Seien Sie anders als Ihre Schüler!
— Reagieren Sie auf Misserfolge nicht durch Abwehrmechanismen.
— Verstehen Sie Abwehrmechanismen als Äußerung von Unsicherheit und Angst.
— Fragen Sie sich (und wenn es die Situation möglich macht – auch die Schüler), worin die Unsicherheit und Angst Ihrer Schüler begründet sein mag:

- in Ihrem Verhalten: wenig freundlich, zu gleichgültig, zu distanziert, zu wenig empathisch, wenig offen ....
- in Ihrem Unterricht: zu langsam, zu schnell, zu hektisch, unorganisiert, unklar, verplant, keine Freiräume ...
- in der Situation der Schüler: Entwicklungsphase, schulmüde, gestresst durch die Situation (letzte Stunde, zu heiß, nach einer Klassenarbeit ...)
- in der Sache: zu schwer, zu leicht, überfordernd, unterfordernd, zu abstrakt, kein Bezug zur Welt des Schülers, kein sichtbarer Sinn ...

Was können Sie tun?
Nehmen Sie Ihren Schülern die Angst, die Unsicherheit,
- indem Sie auf die Schüler zugehen, mit ihnen sprechen, sie fragen;
- indem Sie die Schüler gerade in ihrer Unsicherheit und Angst ernst nehmen;
- indem Sie den Schülern kleine Erfolgserlebnisse vermitteln (etwa durch lösbare Aufgabenstellungen);
- indem Sie das Interesse und die Bedürfnisse Ihrer Schüler stärker berücksichtigen (etwa durch schülerorientiertes Lernen);
- indem Sie das eigene Tun der Schüler hervorrufen, diese aktiv werden lassen (etwa durch handlungsorientiertes Arbeiten);
- indem Sie mehr die Erfahrungen der Schüler einbeziehen, indem Sie auf die Lebenswelt der Schüler Bezug nehmen und so einsichtiges und für die Schüler sinnvolles Lernen ermöglichen – und ganz besonders
- indem Sie die (kleinen) Fortschritte Ihrer Schüler wahrnehmen und Ihre Schüler loben (gerade auch die schwächeren!).

Seien Sie ein Profi! Setzen Sie Ihr ganzes Können ein, um Unterrichtsstörungen aufzulösen und effektives Lernen zu ermöglichen. Notieren Sie zur Selbsteinschätzung, was Ihnen noch schwer fiel oder was Sie schon gut konnten.

M9 Konsequenz

Inkonsequenz kommt leider häufiger bei Lehrern vor. Wenn wir Sie auffordern, konsequent zu sein, ist damit nicht gemeint, als Prinzipienreiter stur bei einer Meinung zu verharren, unnachsichtig falsches Verhalten von Schülern zu verfolgen oder gar eine eigene Verhaltensweise nicht zu verändern, obwohl diese zu Schwierigkeiten führt (z. B. Ironie) usw. Es geht um die persönliche Konsequenz im Verhalten: dass man von anderen, den Schülern, nicht einfordern kann, was man selbst (Lehrer) nicht zu tun bereit ist.
Wir haben auf dem Beobachtungsbogen M6 schon darauf aufmerksam gemacht, wie Inkonsequenzen zu heimlichen Erziehern der Schüler und so zu Störquellen werden können: Wenn Sie den Unterricht beginnen,
- obwohl der Raum verschmutzt ist,
- obwohl die Tische und Bänke ungeordnet durcheinander stehen,
- obwohl die Tafel nicht gereinigt, der OHP nicht vorhanden ist,
- obwohl die Arbeitsmaterialien für die Stunde nicht auf dem Tisch liegen
- usw.

Das gilt auch für Ihr Verhalten. Achten Sie stets (konsequent) darauf,
— pünktlich in der Klasse zu sein und pünktlich den Unterricht zu beenden,
— verlässlich Klassenarbeiten zurückzugeben,
— konsequent Hausarbeiten einzufordern und für den Unterricht zu nutzen,
— stets die Anwesenheit aller Schüler zu kontrollieren, Verspätungen von Schülern zu monieren,
— vereinbarte Regeln einzufordern (z. B. zuhören, mitmachen, aufzeigen usw.)
— eingeübte Verfahren durchzusetzen (z. B. bei Stillarbeit wirklich still zu sein, bei Gruppenarbeit mitzuarbeiten, sich im Plenum zu beteiligen)
— usw.

Auf dem Weg zur Konsequenz

Grundregel
Verlangen Sie von den Schülern kein Verhalten, das Sie nicht auch selbst einhalten wollen. Die positive Formulierung ist noch wichtiger: Seien Sie in Ihrem Verhalten ein Vorbild für die Schüler! Sie als Lehrerin oder Lehrer sind erwachsen, Ihre Schüler sind entweder noch Kinder oder Jugendliche.
Seien Sie **stets** (!) so, wie Ihre Schüler sein sollen!

Achten Sie *konsequent* darauf, dass Sie im Klassenraum für ein gutes Klima sorgen,
— indem Sie freundlich sind,
— alle Schüler in der Klasse fair behandeln,
— keinen Schüler bevorzugen,
— mit allen Schülern respektvoll umgehen,
— für reibungslose Arbeitsabläufe sorgen durch einen klar geplanten Unterricht,
— Ihren Unterricht pünktlich beginnen (und auch beenden),
— auf die Einhaltung von Klassenregeln achten,
— auf die Einhaltung von Arbeitsform-Regeln achten (wenn Stillarbeit, dann wirklich alle still),
— Klassenarbeiten zügig korrigieren und zurückgeben,
— usw.

Man kann zwar zwischen Regeln und Arbeitsabläufen unterscheiden, aber beide sollen für einen reibungslosen und störungsfreien Lernprozess sorgen. Weder Regeln noch Arbeitsabläufe fallen vom Himmel und sind somit in ihrer Geltung nicht selbstverständlich.
Daher:
— Regeln müssen zunächst abgesprochen und als Arbeitsabläufe vermittelt werden,
— sie müssen anschließend durch *konsequenten* Einsatz eingeübt und
— letztlich in der Praxis, im Unterricht *konsequent* angewandt werden.

Legen Sie mit Ihren Schülern **Regeln** fest, damit kein regelloser Raum entsteht, in dem jeder tun und lassen kann, was er gerade will; denn sonst sind Unterrichtsstörungen vorprogrammiert. Notieren Sie zur **Selbsteinschätzung**: Habe ich Regeln vereinbart und Arbeitsabläufe festgelegt? Halte ich mich selbst an diese Regeln und Arbeitsabläufe? Achte ich konsequent darauf, dass von allen Regeln und Arbeitsabläufe eingehalten werden?

M10 Klarheit von Erwartungen

Unterricht ist ein lebendiges Geschehen und soll eine lebendige Interaktion bleiben. Und da gibt es trotz klarer Regelungen und trotz eindeutiger Arbeitsabläufe immer wieder Grauzonen. Darauf zielt das Kriterium „Klarheit von Erwartungen": Es soll trotz dieser Grauzonen eine *Eindeutigkeit* und damit *Verhaltenssicherheit* erreicht werden.

Es gibt einige klare Regeln, die noch nicht selbstverständlich beachtet werden, z.B.
— dass man im Unterricht nicht Kaugummi kaut,
— dass man nicht auf dem Stuhl liegt, sondern sitzt,
— dass man regelmäßig mitarbeitet,
— dass man sich wie ein Vierzehnjähriger benimmt, wenn man 14 Jahre alt ist,
— usw.

Es ist wichtig, dass Sie Regeln und besonders Ihre Erwartungen nicht als selbstverständlich voraussetzen, sondern es sollte für Sie selbstverständlich sein, dass Sie Ihren Schülern Ihre Erwartungen im Blick auf Verhalten, Arbeit und Regeln klar mitteilen. In der Schule gehen die Schüler mit sehr verschiedenen Lehrern um, somit auch mit ganz verschiedenen Erwartungen und Verhaltensweisen. Die Praxis zeigt, dass Schüler sich darauf gut einstellen können, wenn ihnen die Erwartungen des Lehrers klar sind.

Aber es ist nicht nur wichtig, dass Sie auf die Einhaltung dieser Regeln durch die Schüler achten, es ist auch wichtig, dass Sie selbst diese Regeln einhalten. Die beste Klärung Ihrer Erwartungen liegt in Ihrem eigenen Verhalten.

Einige kleine Beispiele von Unklarheit:
— Sie geben eine Einzelarbeit auf und beachten nicht, dass Schüler miteinander sprechen.
— Sie geben eine Hausaufgabe auf und achten nicht darauf, dass diese auch gemacht worden ist.
— Sie erlauben es, dass jemand die Lösung in die Klasse ruft, ohne sich zu melden.

Machen Sie deutlich, welche Erwartungen für Sie besonders wichtig sind, z.B.
— Sie erlauben im Unterricht keine Gewalt und auch keine Beleidigungen, keine Respektlosigkeiten, kein Bloßstellen usw.
— Sie erwarten, dass man Ihren Anweisungen folgt. Schüler können und dürfen nachfragen, nach Begründungen fragen, Kritik äußern, aber sie dürfen sich nicht einfach über Anweisungen hinwegsetzen.
— Sie erwarten, dass die in der Klasse vereinbarten Regeln beachtet werden.

Auf dem Weg zur Klarheit von Erwartungen

Grundregel 1: Machen Sie Ihre **Erwartungen** klar!

Teilen Sie Ihren Schülern zum Beginn des Schuljahres Ihre Erwartungen mit. Ein guter Anfang besteht auch darin, dass die Schüler die Möglichkeit erhalten, Ihnen ihre Erwartungen an Sie mitzuteilen. In der Regel lässt sich bei diesem Austausch auf der Ebene der Gegenseitigkeit eine Klärung der Erwartungen finden. Aber: Es ist Ihre Verantwortung, dass der Unterricht möglichst störungsfrei läuft und viel effektive Lernzeit bietet. Manchmal müssen im Verlauf eines Schuljahres die Erwartungen noch einmal konkretisiert werden.

Grundregel 2: Klären Sie Ihre Erwartungen während einer Einführungsphase immer wieder neu, freundlich und doch klar!

Mit den Erwartungen verhält es sich wie mit den Regeln: Zu wissen, welche Erwartungen es gibt, heißt noch nicht, diese Erwartungen auch tatsächlich zu beachten. Verhaltenssicherheit wird erst gewonnen durch stetige (Ein-)Übung. In dieser Einführungsphase gehen Störungen grundsätzlich vor Unterricht, aber nicht in dem Sinn, dass eine kurze Störung durch den Schüler, der gegen Ihre Erwartung verstoßen hat, jetzt zu einer großen Unterrichtsstörung durch Sie ausgeweitet wird, indem Sie lang und breit erklären, was Sie erwarten. Nein: kurze Erklärung und die Bitte, sich so zu verhalten. Nein: Erklären Sie kurz, welche Erwartung gerade nicht erfüllt wurde, und bitten Sie den Schüler, sich entsprechend zu verhalten.

Grundregel 3: Geben Sie manchmal **Spielraum**, aber so, dass allen klar ist, dass dies eine Besonderheit ist und gerade andere Regeln gelten.

Vor allem wenn Sie im Unterricht die Einhaltung von Regeln konsequent einfordern, sollten Sie ab und zu bewusst Spielraum geben – zur Entlastung und Entspannung. Konzentration ist nur möglich, wenn die konzentrierte Spannung auch wieder durch spielerische Entspannung ermöglicht wird – durch kurze Pausen, durch kurze Spiele, durch Bewegung und „Luftschnappen".

Grundregel 4: Bei aller Konsequenz und aller Klarheit darf nicht vergessen werden, dass Lernen auch **Freude** machen soll, dass Regeln und Erwartungen nicht erdrücken dürfen, sondern Freiräume für ungestörtes Lernen ermöglichen soll.
Notieren Sie zur **Selbsteinschätzung**: Habe ich meine Erwartungen den Schülern erklärt? Achte ich darauf, dass meine Erwartungen eingehalten werden? Gebe ich den Schülern auch immer wieder Spielraum?

Kommunikation

Auch im Unterricht gelten die Axiome der Kommunikation, die etwa Watzlawick (Paul Watzlawick u. a.: Menschliche Kommunikation: Formen, Störungen, Paradoxien. Bern 12. Aufl. 2011) aufgestellt hat. Wir zitieren hier die fünf wichtigsten Axiome. Diese erläutern wir durch kurze Kommentare, die sich an den wichtigen Bedingungen für eine verständigungsorientierte Kommunikation nach Habermas (Jürgen Habermas: Theorie des kommunikativen Handelns. Frankfurt/M., 4. Aufl. 1987) orientieren. Eine solche Kommunikation zielt dezidiert auf Verständigung und nicht auf Herrschaft und nimmt alle Teilnehmer der Kommunikation als Partner ernst.

1. *Man kann nicht nicht kommunizieren, denn jede Kommunikation (nicht nur mit Worten) ist Verhalten und genauso, wie man sich nicht nicht verhalten kann, kann man nicht nicht kommunizieren.*
Dabei ist nicht entscheidend, ob derjenige, der nicht kommuniziert, auch nicht kommunizieren will. Die Signale, die von ihm ausgehen, müssen von ihm nicht gemeint sein. So, wie er sich verhält, wird von anderen das Verhalten als Signal gewertet.

2. Jede Kommunikation hat einen Inhalts- und einen Beziehungsaspekt, wobei letzterer den ersten bestimmt.
Unsere Einschätzung des Kommunikationspartners ist in der Kommunikation so dominierend, dass wir die inhaltlichen Aussagen unter diesem Beziehungsaspekt wahrnehmen, sichten und werten.

3. Die Natur einer Beziehung ist durch die Interpunktion der Kommunikationsabläufe seitens der Partner bedingt.
Kommunikation hat für die Kommunizierenden keinen Anfang; vielmehr verstehen sie ihre Kommunikation immer auch schon als Antwort (vgl. 1. Axiom).

4. Nicht nur das gesprochene Wort, sondern auch die nonverbalen Äußerungen (z. B. Lächeln, Wegblicken, ...) teilen etwas mit.
Es ist eben nicht nur entscheidend, was wir sagen, sondern häufig noch viel entscheidender, wie wir es sagen (vgl. 2. Axiom).

5. Zwischenmenschliche Kommunikationsabläufe sind entweder symmetrisch oder komplementär, je nachdem ob die Beziehung zwischen den Partnern auf Gleichgewicht oder Unterschiedlichkeit beruht.
Habermas unterscheidet kommunikatives Handeln, das auf Verständigung abzielt, von strategischem Handeln, das auf die Durchsetzung von Interessen (Macht) abzielt.

Wenn diese Axiome nicht beachtet werden, kommt es häufig zu Störungen und zu Problemen. Andererseits: Wenn diese Axiome bewusst beachtet werden, können viele Störungen schon im Vorfeld verhindert oder vermindert werden. Beispiele dafür sind folgende falsche Sprachhandlungen:
— sprachliche Handlungen äußern, die nicht gemeint sind, z. B. eine falsche Frage stellen: „Meinst du nicht auch, dass du den Text üben solltest?" anstatt klar aufzufordern: „Ich möchte, dass du den Text aufschreibst."
— sprachliche Handlungen äußern, die besser durch andere ersetzt werden sollten, z. B. statt Verbote: „Quatsch nicht so rum" klare Anweisungen: „Sei bitte still, denn du störst beim Lernen."
— sprachliche Handlungen unklar äußern, z. B. in den Raum hineinsprechen: „Ihr seid bei der Gruppenarbeit zu laut." anstatt an die Gruppentische heranzutreten, die Schüler anzuschauen und zu sagen: „Seid bitte leiser, ihr stört sonst eure Nachbarn."
— zu falschen Handlungen auffordern, anstatt die richtige Handlung zu benennen: „Warum machst du bei der Gruppenarbeit nicht mit?" (soll sich doch nicht rechtfertigen), anstatt klar aufzufordern: „Mach bitte bei der Gruppenarbeit mit!"
— „Mensch, sieh doch ein, dass du üben musst" (an Einsicht appellieren) anstatt klare Anweisung: „Rechne die Übungsaufgaben aus, damit du dies kannst."

Wenn alles als Signal verstanden werden kann, dann muss man nicht nur auf seine sprachlichen Handlungen achten, sondern auch
— auf Körpersprache achten,
— Blickkontakt herstellen und halten,
— bewusst seine Position im Klassenraum wählen und verändern,
— auf Kleidung und Auftreten achten,
— usw.

Wenn Unterricht strukturell als **kommunikatives Handeln** und nicht als strategisches Handeln verstanden wird, ergeben sich für das Kommunikationsverhalten im Unterricht einige zentrale Regeln:
— Der Schüler ist nicht Objekt von Unterrichts- und Erziehungsmaßnahmen, sondern er wird als Subjekt im Unterricht und in der Erziehung ernst genommen.
— Kritik wird grundsätzlich positiv formuliert als *wertschätzende Rückmeldung*, als Angebot und Hilfe, als Wunsch, Bitte und Aufforderung.
— Die Kommunikation ist getragen von *gegenseitigem Respekt* und zielt auf Verständigung.
— Interessenkonflikte und unterschiedliche Meinungen werden in einer Streitkultur ausgetragen, in der man sich die Meinung sagen kann, weil man zwar eine andere Meinung hat, den anderen aber dennoch respektiert.

Auf dem Weg zur gelingenden Kommunikation

Grundregel: Sie als Lehrer sind dafür **verantwortlich**, dass trotz Störungen die Kommunikation erhalten bleibt.

Sie gehen dabei von folgenden Überzeugungen aus:
— Die Regeln respektvollen Verhaltens werden (von Ihnen) nicht aufgehoben.
— Wenn Sie den Unterricht gestört sehen, dann beschreiben Sie klar und eindeutig, worin die Störung besteht.
— Sie fordern den Störer auf, seine Störungen einzustellen oder sein Verhalten zu erklären und zu begründen.
— Sie wollen den Störer verstehen, daher nehmen Sie bei aller Unterschiedlichkeit (auch bei Nichtakzeptanz der Handlung) den Störer ernst.
— Sie wollen, wenn eben möglich, eine einvernehmliche Lösung, in der allerdings die Grundregeln des Miteinanders beachtet werden.

Schaffen Sie ein Arbeitsklima, in dem **konstruktiv und wertschätzend Kritik geübt** wird, denn eine solche Rückmeldung ist von dem Kommunikationspartner annehmbar und bewirkt Veränderungen.

Deshalb wenden Sie folgende Verfahren an:
— Sie hören aktiv und aufmerksam zu und gerade nicht weg.
— Sie unterscheiden die Störung vom Störer; die Störung wird als nicht akzeptabel abgelehnt, der Störer wird dennoch ernst genommen.
— Sie bleiben somit respektvoll, was den Menschen angeht, und kritisch, was die Sache angeht.
— Sie verpflichten sich, in der Kommunikation eine Verständigung herzustellen, indem Sie eine gemeinsame Basis suchen und keinen Machtkampf austragen.

Behalten Sie die Oberhand über die **Kommunikation**, indem Sie die Störungen des Unterrichts, auch Kommunikationsstörungen, übersetzen in das, was diese „eigentlich" sagen wollen. Allerdings ist dies kein Freibrief für Beschimpfungen, Beleidigungen usw.

Daher unterscheiden Sie die konkrete Störung des Unterrichts bzw. auch der Kommunikation (z. B. Beschimpfung, Beleidigung usw.) von
— den dahinter liegenden Gefühlen (z. B. Enttäuschung, Sich-beleidigt-Fühlen, Wut, Zorn usw.) und von
— den darin liegenden Problemen (der Schüler fühlt sich nicht ernst genommen; der Schüler versteht etwas nicht; der Schüler weiß nicht mehr, was er tun soll usw.)

Denken Sie daran: Sie bleiben dann souverän, wenn Sie Ihr Wissen um die Bedingungen der Kommunikation (Watzlawick, Habermas) auch in Ihrem eigenen Handeln anwenden; denn so wird aus dem theoretischen Durchblick praktische Unabhängigkeit.

Zur **Selbsteinschätzung**: Durchschaue ich die Bedingungen und Axiome in konkreten Kommunikationssituationen? Halte ich mich im Alltag an die Grundprinzipien einer verständigungsorientierten Kommunikation? Unterscheide ich auch bei Störungen zwischen dem Gesagten und dem Gemeinten, bleibe ich im Konfliktfall souverän?

M12 Selbsteinschätzung zur Empathie

Sind die Schüler für Sie als Lehrer wichtig? Kennen Sie die Interessen und Bedürfnisse Ihrer Schüler, möchten Sie diese überhaupt kennen lernen? Ist es für Sie wichtig, wie Ihre Schüler sich fühlen? Verstehen Sie, welche Probleme der Schüler mit sich, mit seinen Mitschülern und dem Stoff hat, vielleicht auch mit Ihrer Vermittlung des Stoffs?
Kurz: Sind Sie bereit, als Lehrer **Empathie** zu zeigen und die **Perspektive Ihrer Schüler** einzunehmen? Diese Bereitschaft ist für den Lehrerberuf fundamental!
Wer mit Kindern und Jugendlichen nicht arbeiten mag, sollte nicht Lehrer werden. Wer es mag, kann sein Verhalten reflektieren und verbessern, indem er z. B. lernt, sich auf Probleme, die ein Schüler mit dem Stoff und dem Unterricht hat, einzulassen.

Antworten Sie bei der folgenden Checkliste besonders ehrlich, vermeiden Sie ausweichende Nennungen, auch wenn dies für Sie nicht leicht sein mag. Aber nur so können Sie erkennen, wo noch Handlungsbedarf für Sie besteht.

Grundsätzlich gilt: Der Lehrerberuf ist äußerst komplex und nicht selten stressig. Aber die folgenden Fragen zielen nicht primär darauf ab, ob Sie Ihr Handwerkszeug beherrschen, sondern ob Sie gerne mit Kindern und Jugendlichen umgehen.
Für die Auswertung nehmen Sie sich gezielt nur einzelne Aufgaben vor, in denen Sie noch Handlungsbedarf sehen.
Gehen Sie möglichst konkret vor; nicht allgemein: Die Klasse zum Beginn der Stunde freundlich (!) grüßen und freundlich (!) anschauen. Nehmen Sie sich konkrete Handlungen und Verhaltensweisen vor: Die Schüler freundlich (!) mit Namen aufrufen, sie freundlich (!) ansehen, um etwas bitten und sich dafür bedanken.
Wenn Sie allgemein bleiben, verändern Sie in der Regel konkret kaum etwas. Konkrete *Handlungen* verändern die Praxis.

Checkliste Selbsteinschätzung zur Empathie

	Ja, fällt mir leicht	Es geht so	Muss ich noch üben	Nein, fällt mir schwer
Achte ich darauf, dass mein Unterricht verständlich ist?				
Interessieren mich auch die Bedürfnisse der Schüler?				
Will ich, dass meine Schüler einen Bezug zu meinem Fach finden?				
Helfe ich Schülern auch dann, wenn diese im Unterricht stören?				
Lache ich häufig mit meinen Schülern?				
Kenne ich die Einstellung meiner Schüler zu meinem Unterricht?				
Achte ich auf ein gutes Klassenklima?				
Achte ich auf ein gutes Lern- und Arbeitsklima?				
Freue ich mich auf meinen Unterricht?				
Erläutere ich meinen Schülern, warum ich das Thema/den Sachverhalt unterrichte?				
Lobe ich meine Schüler regelmäßig für Leistungen?				
Lobe ich auch schwächere Schüler für die kleinen Leistungen?				
Verhalte ich mich auch in Konfliktfällen zu den Schülern respektvoll?				
Lasse ich meine Schüler auch Dinge selbst entscheiden?				
Bin ich zu meinen Schülern freundlich und sage *bitte* und *danke*?				
Gehe ich mit meinen Schülern humorvoll um?				
Bin ich bei Streitigkeiten fair?				
Kann ich meinen Schülern aktiv und gut zuhören?				
Ist mir die Meinung meiner Schüler wichtig?				
Hole ich mir regelmäßig Feedback meiner Schüler über meinen Unterricht ein?				
Hole ich mir regelmäßig Feedback meiner Schüler über mein Lehrerverhalten ein?				
Lasse ich die Schüler Verbesserungsvorschläge machen?				

Bin ich bereit, gerade auch bei Störungen einen Perspektivwechsel vorzunehmen?				
Bemühe ich mich, die Probleme eines Schülers zu verstehen?				
Versetze ich mich in die Enttäuschungen und Ängste meiner Schüler hinein?				
Lege ich Wert darauf, meine Schüler für mein Fach zu begeistern?				
Achte ich darauf, dass mein Unterricht für meine Schüler nicht langweilig wird?				
Ermutige ich regelmäßig meine Schüler, wenn diese sich schwer tun?				
Habe ich ein offenes Ohr, wenn Schüler mit mir sprechen wollen?				
Merke ich, wenn jemand sich anstrengt, und spiegle ich das zurück?				
Habe ich im Unterricht Zeit, wenn Schwierigkeiten auftreten?				
Lege ich Wert darauf, dass meine Schüler den Unterricht gestalten?				
Spreche ich meine Schüler mit Vornamen an?				
Schenke ich meinen Schülern ein freundliches Lächeln?				

Zur Selbsteinschätzung:

Was kann ich schon gut?

_____

_____

Wo sehe ich besonderen Handlungsbedarf?

_____

_____

_____

Welche konkreten Handlungen will ich in der nächsten Zeit tun?

_____

_____

_____

Deeskalationsstrategien

Sie haben verschiedene Möglichkeiten kennen gelernt, wie Sie durch ein professionelles, konsequentes, klares und schülerorientiertes Verhalten bei Unterrichtsstörungen intervenieren können. Zum Abschluss wollen wir Ihnen zur Erweiterung Ihres interventiven Handlungsrepertoires noch einige Deeskalationsstrategien vorstellen, die sich im Übrigen aus den vorherigen Kriterien ergeben.

1. Die Unterrichtsstörung mit den kleinsten Mitteln, die zur Verfügung stehen, beseitigen und schnell zum Unterricht zurückkehren – z.B. ein Blick, zum Platz des Störers gehen, Finger auf die Lippen legen usw.

2. Nicht emotional reagieren, sondern ruhig, klar, freundlich, z.B. „Hör bitte mit dem Sprechen auf, das stört uns" oder „Gib bitte Franz den Füller zurück, damit er schreiben kann." In keinem Fall schimpfen, beleidigen, drohen, schreien usw.

3. Bewusst darauf achten, dass auch Ihre nonverbalen Signale Ruhe ausstrahlen, z.B. Körperhaltung, Bewegung, Hände, Gesicht, Augen, Stimme nicht hektisch werden lassen, sondern ganz bewusst ruhig: aufrechte Körperhaltung, aber nicht aggressiv; langsame Bewegung, aber gezielt; ruhige Hände, nicht mit den Händen fuchteln; offenes Gesicht, nicht vom Geschehen wegdrehen; fester, klarer Blick in die Augen des Störers, aber nicht mit den Augen fixieren, bedrohen, aggressiv anstarren; Stimme etwas runterfahren usw.

4. Versuchen, die Störung als Signal für ein dahinter liegendes Gefühl und ein darin verstecktes Problem zu verstehen. Ostentativ gezeigte gedankliche Abwesenheit verweist vielleicht auf Langeweile (Gefühl) und dies vielleicht auf Unter- bzw. Überforderung (Problem). Jedoch nicht im Unterricht klären, sondern in einem Gespräch nach dem Unterricht.

5. Sich auf keinen Machtkampf einlassen, sondern einfache und klare Anweisungen und Aufforderungen aussprechen, z.B. „Ich möchte, dass du nicht mehr sprichst" oder „Setz dich bitte auf den freien Platz in der letzten Reihe; denn du störst uns" oder „Schreib dies bitte ab, damit du deine Hausaufgabe machen kannst." usw.

6. Ganz bewusst eine verständigungsorientierte Kommunikationsstruktur beibehalten, z.B. respektvoll sprechen, nicht ärgerlich, keine Vorwürfe, freundlich (mit Namen ansprechen), keine langatmigen Ausführungen oder Drohungen, sondern klare, verständliche Aufforderungen; bauen Sie Brücken für Kooperation usw.

7. Bei wiederholten kleineren Störungen: Ein Klärungsgespräch nach der Stunde anbieten – nicht als Bestrafung, sondern bewusst als Möglichkeit, die Ursache für die Störung zu erfahren, z.B. „Wir möchten jetzt mit dem Unterricht fortfahren; du kannst mir im Anschluss an den Unterricht dein Problem mitteilen" usw.

8. Bei größeren Störungen: ruhige und klare Anweisung, die Störung einzustellen; zugleich der Hinweis darauf, dass das Verhalten in einem Kritikgespräch nach dem Unterricht noch thematisiert werden muss, z.B. „Ich möchte, dass du jetzt still bist und die anderen nicht mehr störst. Nach dem Unterricht möchte ich mit dir über dein Verhalten sprechen."

M14 Den eigenen Unterricht überprüfen und verändern

Der Schwerpunkt der interventiven Möglichkeiten bezieht sich auf die Durchführung des Unterrichts, somit auf die Frage, was man in der aktuellen Unterrichtssituation konkret tun kann. Die folgende Tabelle listet die interventiven Möglichkeiten nochmals auf.

Durchführung eines ungestörten Unterrichts

Auf Fluss achten	Somit darauf achten, dass der Unterricht — Schwung hat, — zügig vorangeht, — kurzweilig strukturiert ist, — möglichst keine Unterbrechungen aufweist, — keinen Leerlauf zulässt.
Auf Konzentration achten	Somit darauf achten, dass der Unterricht — in einer kurzen Einstiegsphase für Klarheit sorgt, — in einer Modellierungsphase einen Arbeitsplan entwickelt, — in seiner Organisation für Arbeitsbedingungen sorgt, die die Arbeit nicht behindern. Drei wichtige Aufgaben für den Lehrer (!) während des gesamten Unterrichtsverlaufs: — Er muss dafür sorgen, dass die *Regeln des Unterrichts* eingehalten werden. — Er muss für kleinere *Hilfestellungen* stets zur Verfügung stehen. — Er muss diese Hilfestellungen *gezielt* geben (individuell, der Gruppe, der Klasse).
Auf Abwechslung achten	Bei Unterrichtsstörungen also unbedingt darauf achten, ob der Unterricht abwechslungsreich ist, evtl. die Methode, Arbeitsform, Arbeitsweise, Sozialform verändern.
Auf Differenzierung und Austausch achten	Unbedingt auf diese Doppelperspektive des Unterrichts achten: — Binnendifferenzierung bei Über- bzw. Unterforderung — Arbeitsteilige Gruppen, die sich dann austauschen — Gruppenpuzzle einrichten und einüben — Gegenseitiges Helfen einführen (Lernen durch Lehren), z. B. kooperatives Lesen — Formen des kooperativen Lernens systematisch einsetzen — Wechsel von Einzelarbeit und Plenum — Schreibgespräche — Platzdeckchen-Verfahren

Auf Lebensbezug und Motivation achten	— Schaffen Sie für die Schüler Einsicht in ihre Arbeit, damit der Sinn und Nutzen der konkreten Arbeit für die Schüler jederzeit deutlich ist. — Schaffen Sie für die Schüler einen Überblick über den Lernprozess, damit der Bezug der augenblicklichen (Teil-)Arbeit zum Gesamtthema klar ist. — Schaffen Sie bei den Schülern eine Erfolgsaussicht, damit sie ihre Arbeit positiv einschätzen, weil sie das Ziel für erreichbar halten.
Auf Klarheit der Aufgaben achten	Unklarheiten können verschiedene Gründe haben: — Die Aufgabenstellung schließt nicht an das Wissen und Können der Schüler an. Darauf achten, dass die Schüler das können, was sie machen sollen, und dass sie an ihr Vorwissen anknüpfen können (Schülerorientierung). — Die Aufgabenstellung ist in sich für die Schüler unstrukturiert, unklar formuliert. Darauf achten, dass die Schüler genau wissen, was sie machen sollen (Handlungsorientierung). — Die Aufgabenstellung ist zu komplex, zu schwierig. Darauf achten, dass die Schüler aufgrund ihrer bisherigen Lernerfahrungen die Kompetenz entwickeln können, die Aufgabenstellung zu lösen. (Erfahrungsbezogenheit, Kompetenzorientierung). — Die Aufgabenstellung und Methode sind nicht aufeinander abgestimmt. Darauf achten, dass sich die Aufgabenstellung mit der angegebenen Methode störungsfrei verknüpfen lässt.
Auf Phasierung achten	Hier stellt sich bei der Unterrichtsführung die zentrale Aufgabe, dass die Vorgaben, wie in der jeweiligen Phase und Methode gearbeitet werden soll, auch konsequent eingehalten werden. Gerade hier wird deutlich, dass die interventiven Möglichkeiten in der Unterrichtsführung aufs Engste verknüpft sind mit den interventiven Möglichkeiten des Handlungsrepertoires. Wer nicht konsequent handelt, wird auch bei der Unterrichtsführung die Konsequenz vermissen lassen.

Überlegen Sie zur Selbsteinschätzung: Welche dieser interventiven Handlungsmöglichkeiten einer störungsfreien Unterrichtsdurchführung beherrsche ich gut, bei welchen treten (immer wieder) Schwierigkeiten auf?

M15 Das Störverhalten als Signal verstehen

Wenn die bereits beschriebenen interventiven Maßnahmen keine Wirkung zeigen, auch das kurze Klärungsgespräch nach dem Unterricht keine Lösung gebracht hat, sollte ein Konfliktgespräch angesetzt werden. Bereiten Sie dieses Konfliktgespräch gut vor, denn es kostet Sie Zeit und sollte erfolgreich sein.

Planung und Durchführung eines Konfliktgesprächs

Ziel dieses Konfliktgesprächs ist die Lösung des Konflikts.
Mittel dieses Konfliktgesprächs ist die Wahrnehmung und die Aufklärung des Konflikts.
Verfahren dieses Konfliktgesprächs ist eine lösungsorientierte Gesprächsführung nach Thomas Gordon (Lehrer-Schüler-Konferenz. Wie man Konflikte in der Schule löst. München, 17. Aufl. 2004).

1. Organisation:
— Sprechen Sie mit dem Schüler/den Schülern einen Termin ab. Möglichst noch am selben Tag (aber einen Termin, der *Ihnen* passt). Findet der Termin erst an einem der nächsten Tage statt, soll sich der Schüler (oder die Schüler) darauf vorbereiten und die Störung(en) schriftlich beschreiben.
— Raumfrage klären (mit Hausmeister/mit Schulverwaltung)
— Ggfs. schriftliche Einladung des Schülers M16 (mit Kenntnisnahme der Eltern), wenn der/die Schüler sich gegen das Konfliktgespräch sperren (z. B. angeblich keine freien Termine; wenig Einsicht, das Gespräch zu führen).

2. Vorbereitung:
Bereiten Sie sich unbedingt auf das Gespräch vor:
— Offene Sitzordnung, die auch ein Gespräch ermöglicht
— Kurze, aber klare Beschreibung des Sachverhalts (der Störung) aus Ihrer Perspektive (schriftlich fixieren)
— Ihre Grundeinstellung festhalten:
  Das Gespräch soll *den Konflikt* lösen, d.h., der Schüler soll durch das Gespräch dazu veranlasst werden, sein Verhalten (vielleicht auch seine Einstellung) positiv zu verändern. Sie wollen *keine Widerstände provozieren*, Verhärtungen bewirken oder gar neue Konflikte auslösen.
— *Verhaltensregeln für Sie* festlegen: freundlich, respektvoll bleiben; auf den Schüler zugehen; dennoch innerlich Distanz, damit Sie in keine emotionale Falle laufen (Empörung, Ärger usw.)
— *Gesprächsregeln für Sie* festlegen: Lösungszuversicht äußern; Empathie für den Schüler zeigen (nicht für die Störung); seine Perspektive einnehmen; aktiv zuhören, ausreden lassen; Ziel des Gespräches im Blick halten (Lösung des Konflikts)
— *Fragerichtung für den Schüler* festlegen:
  Was hat *dich* dazu gebracht, den Unterricht zu stören?
  Wie könntest *du* den Konflikt lösen?
  Welche Hilfen brauchst *du* dafür?
— Mögliche Aussagen/Fragen vorformulieren (schriftlich):

3. Gesprächseröffnung:

„Wir wollen gemeinsam deine Unterrichtsstörung(en) am … besprechen."

„Ich denke, dass wir auch zu einer Lösung kommen."

„Ich möchte dich bitten, deine Unterrichtsstörung aus deiner Sicht zu beschreiben."

Wichtig: das Problem klar ansprechen, denn der Gegenstand, die Unterrichtsstörung selbst, ist bekannt; nicht das Problem sozusagen entdecken lassen: „Du kannst dir vielleicht vorstellen …"

4. Gesprächsdurchführung:

„Kannst du die Unterrichtsstörung noch genauer beschreiben?"

„Beschreib bitte, was du getan hast, und nicht, was die anderen Schüler gemacht haben."

„Du siehst das zwar anders als ich, aber ich muss dich trotzdem auffordern, nicht einfach in die Klasse hineinzurufen."

„Ist dir klar, weshalb du den Unterricht gestört hast?"

„Beschreibe einmal, was du tun kannst, anstatt den Unterricht zu stören."

„Wir sollten noch einmal ganz in Ruhe den Punkt … ansprechen."

Wichtig:
- Beim Problem bleiben (Gegenkritik abwehren, andere beschuldigen)
- Andere Sichtweise des Schülers ertragen (wenn auch nicht akzeptieren); trotzdem eine Veränderung des Verhaltens verlangen
- Emotionalität des Schülers akzeptieren (solange diese im Rahmen bleibt; denn der Schüler steht in der Kritik. Die Emotionalität als Signal von Betroffenheit verstehen.)
- Gesprächskrisen entschärfen

5. Gesprächsende:

„Schlag bitte vor, was du aufgrund unseres Gespräches verändern möchtest."

„Bei welchen deiner Schritte brauchst du Hilfen?"

„Wir haben beide folgende Absprache(n) getroffen: …"

„Das Gespräch war für dich sicher nicht einfach. Und deshalb bin ich froh, dass wir eine gemeinsame Lösung gefunden haben."

Wichtig: In den Formulierungen darauf achten, dass der Schüler nicht als Verlierer dasteht, sondern als jemand, der konstruktiv an der zukünftigen guten Zusammenarbeit mitgewirkt hat.

Durchführung des Konfliktgesprächs
- Achten Sie darauf, dass Sie sich nicht von Ihrem Ziel abbringen lassen, das Problem mit dem Schüler konstruktiv zu lösen. Das Konfliktgespräch löst in der Regel bei dem betroffenen Schüler Affekte und Emotionen aus (soll sie auch im Sinne der Betroffenheit auslösen). Sie dagegen müssen ruhig, sachlich, respektvoll bleiben!
- Das Konfliktgespräch führt häufig zu Rechtfertigungen, Leugnungen oder sogar Gegenangriffen durch den Schüler. Sie dürfen sich dadurch nicht irritieren lassen, sondern müssen strategisch dafür gewappnet sein!
- Das Konfliktgespräch soll zu einer Verhaltensänderung (vielleicht sogar Einstellungsveränderung) des Schülers führen; dies ist für den Schüler nicht einfach. Sie stellen sich Ihrerseits der nicht einfachen Aufgabe, in dem Gespräch immer wieder konstruktive Gesprächs- und Lösungsangebote zu erarbeiten.
- Achten Sie somit auf Ihren Gesprächsfaden.

M16 Benachrichtigung der Eltern über ein Konfliktklärungsgespräch

Setzen Sie die Eltern nur in den Fällen über Ihr Konfliktklärungsgespräch mit ihrem Kind in Kenntnis, in denen der Schüler uneinsichtig ist und Schwierigkeiten macht, damit Sie sich bei weiteren Schwierigkeiten darauf berufen können, dass die Eltern schon informiert waren. Versuchen Sie bei kooperativen Schülern, eine Lösung ohne Eltern zu erreichen.

Benachrichtigung der Eltern über ein Konfliktgespräch

Herr/Frau NN
Straße
PLZ Ort

Schulkopf
Anschrift

Datum

Unterrichtsstörungen Ihres Kindes

Sehr geehrte Frau und Herr _____,

Ihr Kind _____ wird am _____
mit mir ein Gespräch über Unterrichtsstörungen führen, an denen es beteiligt war.

Ziel dieses Gespräches ist, dass Ihr Sohn/Ihre Tochter _____ sein/ihr störendes Verhalten ändert und aktiv und konstruktiv am Unterricht teilnimmt, ohne sich und andere beim Lernen zu stören.

Sprechen Sie mit Ihrem Kind über sein bisheriges Verhalten im Unterricht. Bestärken Sie Ihr Kind darin, den Unterricht nicht zu stören; denn nur so ist für Ihr Kind wie für seine Mitschüler ein effektives Lernen möglich. Darüber hinaus wird durch Unterrichtsstörungen das Klassen- und Lernklima negativ beeinträchtigt.

Sollten Sie Fragen zu der Maßnahme haben, können Sie gerne mit mir Kontakt aufnehmen. Sie können mich erreichen unter der Telefonnummer _____ (Sekretariat der Schule). Ich werde Sie dann zurückrufen und Sie informieren.

Vielen Dank für Ihre erzieherische Unterstützung.

Mit freundlichen Grüßen

_____
Unterschrift

✂--

Hiermit **bestätige** ich, dass ich über das Gespräch zwischen Herrn/Frau _____
und meinem Kind am _____ informiert worden bin.
In diesem Gespräch geht es um die Unterrichtsstörungen meines Kindes und um seine Verhaltensänderung.

_____
Name, Vorname des Kindes, Klasse

_____
Unterschrift eines Erziehungsberechtigten   Datum

© 2014 Cornelsen Schulverlage, Berlin. Alle Rechte vorbehalten.

Konfliktklärungsgespräch mit den Eltern

Das Konfliktklärungsgespräch mit den Eltern sollte nur stattfinden, wenn der Schüler uneinsichtig ist bzw. wiederholt den Unterricht stört.

Die oben beschriebenen Schritte für die Planung wie für die Durchführung des Gesprächs sollten auch in diesem Konfliktklärungsgespräch eingehalten werden. Der entscheidende Unterschied ist, dass jetzt bei Ihrem Gespräch mit dem Schüler die Eltern anwesend sind. Erklären Sie dies gezielt bei der Gesprächseröffnung:

„Sehr geehrte Frau X, sehr geehrter Herr X, lieber Y,
ich habe Sie und dich zu diesem Gespräch eingeladen, weil du, Y, und ich in unserem Konfliktklärungsgespräch zu keiner Einigung gelangt sind.
Gegenstand dieses Gespräches waren die Unterrichtsstörungen am …
Da Ihr Sohn/Ihre Tochter sein/ihr falsches Verhalten nicht einsieht bzw. seine/ihre Störungen des Unterrichts leider nicht beendet, möchte ich das Gespräch mit Ihrem Kind gerne in Ihrem Beisein führen. Ich hoffe, dass wir so zu einer einvernehmlichen Lösung finden."

Wenn die Eltern sich im weiteren Verlauf an dem Gespräch beteiligen, lassen Sie dies ruhig zu. Achten Sie jedoch darauf, dass Sie die Einwände, Fragen, Aussagen der Eltern immer wieder in Fragen an den Schüler umformulieren; denn Ziel ist weiterhin, dass der Schüler sein Fehlverhalten einsieht und konkrete positive Vorschläge dazu macht, wie er den Unterricht nicht mehr stört.

Achten Sie hier auf alle Tipps und Hinweise für Ihr Gesprächsverhalten, die wir oben aufgelistet haben; denn gerade dieses Konfliktklärungsgespräch im Beisein der Eltern (und nicht in erster Linie mit den Eltern) ist für Sie als Lehrer nicht einfach.

Einladung zu einem Konfliktklärungsgespräch mit den Eltern und dem Schüler

Herr/Frau NN
Straße
PLZ Ort

Schulkopf
Anschrift

Datum

Gespräch über das Verhalten Ihres Sohnes/Ihrer Tochter im Unterricht

Sehr geehrte Frau und Herr _____,

hiermit möchte ich Sie zusammen mit Ihrem Sohn/Ihrer Tochter _____ herzlich zu einem Gespräch über Unterrichtsstörungen einladen, an denen Ihr Kind beteiligt war. Ich habe mit Ihrem Kind bereits am _____ ein Gespräch geführt mit dem Ziel, dass Ihr Kind sein störendes Verhalten einsieht und sich verpflichtet, nicht weiterhin den Unterricht zu stören. Leider konnte ich bei Ihrem Kind keine Einsicht wecken und auch keine Verhaltensänderung bewirken.

Von daher möchte ich in Ihrem Beisein (es genügt ein Elternteil) das Gespräch mit Ihrem Kind nochmals führen. Ziel dieses Gespräches ist, dass Ihr Sohn/Ihre Tochter _____ sein/ihr störendes Verhalten ändert und aktiv und konstruktiv am Unterricht teilnimmt, ohne sich und andere beim Lernen zu stören.

Dieses Gespräch soll in der Schule stattfinden
am _____ um _____ Uhr im Raum _____.

Sollten Sie zu diesem Termin verhindert sein, bitte ich um sofortige Rückmeldung in der Schule. Ich werde dann – wegen der Dringlichkeit des Problems – telefonisch mit Ihnen einen neuen Termin vereinbaren.

Ich möchte mich bereits jetzt für Ihre erzieherische Unterstützung bedanken.

Mit freundlichen Grüßen

_____
Unterschrift

✂---

Hiermit **bestätige** ich, dass ich mit meinem Kind an dem Gespräch mit Herrn/Frau _____
am (Datum/Uhrzeit)_____teilnehmen werde.

_____
Name, Vorname des Kindes, Klasse

_____
Unterschrift eines Erziehungsberechtigten   Datum

Präventives Handlungsprogramm

Mein Verhaltensrepertoire

Sie haben bereits verschiedene Möglichkeiten kennengelernt, interventiv bei Unterrichtsstörungen einzuschreiten. Diese Handlungen können Sie für sich präventiv im Schulalltag (außerhalb von Störungen) einüben. Zusammen mit den hier vorgestellten präventiven Möglichkeiten ergibt sich ein Verhaltensrepertoire, das Ihnen hilft, nicht nur mit Unterrichtsstörungen gekonnt umzugehen, sondern diese bereits im Vorfeld zu umgehen.

Es lohnt sich, wenn Sie mit Hilfe des Selbstbeobachtungsbogens „Mein Verhaltensrepertoire" Ihre Fähigkeiten, aber auch Ihre Schwächen überprüfen; denn einerseits gewinnen Sie so Sicherheit (eine feste Basis, was Sie schon alles können oder gut beherrschen) und zugleich einen Ansatzpunkt für das, was Sie noch nicht so gut können und woran Sie arbeiten sollten. Auch bei dieser Checkliste gilt: Nehmen Sie nicht alles gleichzeitig in Angriff, sondern achten Sie zunächst darauf, gezielt einzelne Fähigkeiten weiterzuentwickeln.

Checkliste: Mein Verhaltensrepertoire

Mein Verhaltensrepertoire	beherrsche ich			
	gut	ganz gut	nicht gut	gar nicht
Auch in Störungssituationen verhalte ich mich professionell. (vgl. Verhaltensweisen aus M8)				
Im Schulalltag verhalte ich mich konsequent. (Liste M9)				
Ich äußere klar meine Erwartungen. (Liste M10)				
Auch in Störungssituationen kommuniziere ich verständigungsorientiert. (Aufstellung M11)				
Ich habe im Unterricht nicht nur die Schüler, sondern auch mich im Blick. (Liste M12)				
Ich beherrsche Strategien, um schwierige Situationen zu deeskalieren. (M13)				
Ich bin in meinem Verhalten für die Schüler verlässlich.				
Ich bin zu allen Schülern und zur Klasse freundlich.				
Ich gehe mit meinen Schülern, besonders in schwierigen Situationen, respektvoll um.				
Ich bin offen für neue Ideen, aber auch für die Bedürfnisse meiner Schüler.				
Ich gebe meinen Schülern regelmäßig Feedback (besonders positiv durch Lob).				
Ich gehe grundsätzlich zunächst positiv mit Situationen um, auch mit schwierigen.				
…				

M19 Classroom-Management

Sie haben verschiedene unterrichtsbezogene Möglichkeiten kennengelernt, durch ein interventives Classroom-Management Unterrichtsstörungen zu beseitigen. Nutzen Sie diese Möglichkeiten auch präventiv, indem Sie diese bereits vor auftretenden Störungen in Ihrem Unterricht beachten.

Zusätzlich führen wir hier noch einige Kriterien nach Helmke auf, die für einen „guten" Unterricht kennzeichnend sind und die Sie bei Ihrer Planung präventiv beachten sollten. Detaillierte Hilfen, wie Sie Ihren Unterricht gekonnt planen, können wir an dieser Stelle nicht liefern. Dies würde den Rahmen dieses Erste-Hilfe-Koffers sprengen.

Checkliste: Mein Classroom-Management

Ich achte darauf,	beherrsche ich			
	gut	ganz gut	nicht gut	gar nicht
dass mein Unterricht keine Längen aufweist (Unterrichtsfluss).				
dass im Unterricht konzentriert gearbeitet werden kann (Regelbeachtung, Hilfestellung, Beseitigung organisatorischer Störquellen).				
dass mein Unterricht methodisch abwechslungsreich gestaltet ist (Methodenwechsel, Wechsel der Sozialform).				
dass in meinem Unterricht differenziert und kooperativ gearbeitet werden kann (Individualisierung etwa durch Binnendifferenzierung, Sozialisierung durch verschiedene Kooperationsformen).				
dass in meinem Unterricht die Schüler motiviert mitarbeiten können, weil sie den Sinn ihres Lernens nachvollziehen können (Schülerorientierung, Lebensweltbezug).				
dass in meinem Unterricht die Schüler klar wissen, was sie tun (sollen) und so ihre Arbeit selbst organisieren können (Handlungsorientierung, Erfahrungsbezogenheit).				
dass mein Unterricht nach klaren Regeln in Phasen abläuft, sodass eine Verhaltenssicherheit der Schüler besteht (Regelbeachtung).				
dass mein Unterricht trotz aller zeitlicher Belastung stets vorbereitet ist (stetige Unterrichtsvorbereitung).				
dass mein Unterricht gut geplant ist.				
dass mein Unterricht auf nachhaltiges Lernen zielt (Sinnzusammenhänge, Handlungsfelder).				
…				

Kriterien für Klassenregeln

Neben Ihrem Classroom-Management liegt die beste Prävention von Unterrichtsstörungen darin, mit den Schülern Regeln eines sozialverträglichen Miteinanders zu verabreden und kontinuierlich einzuüben.

Arbeiten Sie dabei mit dem Klassenlehrer, wenn möglich sogar mit dem Klassenteam, zusammen. Welche konkreten Regeln des Zusammenlebens und -arbeitens in der Klasse verabredet werden, spielt weniger eine Rolle, als auf die Einhaltung dieser Regeln im Unterricht zu achten. Vernachlässigen Sie dies auch nach dem sechsten Schuljahr nicht, denn gerade in der schwierigen Phase der Pubertät sollten Sie das **Recht der Schüler auf Erziehung** beachten, damit die „heimlichen" Erzieher keine Übermacht gewinnen, z. B. die Unordnung im Klassenraum, die nicht geputzte Tafel, das Fehlen der Hausaufgaben, der gestörte Beginn des Unterrichts, das Dazwischenreden oder die Beiseitegespräche. Wenn dies alles als „normal" gilt, wird der Unterricht nachhaltig gestört.

Dagegen helfen folgende Maßnahmen (am besten im Klassenteam):
- gemeinsame Regeln installieren,
- über Regeln das Lern- und Arbeitsklima verbessern,
- stetige Beziehungen zu Ihren Schülern aufbauen,
- Ihren Schülern kontinuierlich ein vielfältiges Feedback geben,
- Ihre Schüler ermuntern, auch Ihnen ein Feedback zu geben,
- mit Ihren Schülern die Regeln immer wieder üben (im Störungsfall bewusst machen.

Kriterien für Klassenregeln (Sozial-, Lern-, Arbeitsklima)

Folgende Kriterien sollten bei der **Formulierung** der Klassenregeln beachtet werden:

Kriterium	Begründung	Erläuterung
Regeln mit den Schülern erarbeiten	So können die Schüler sich mit diesen Regeln identifizieren.	Über den Klassenlehrer oder auch in Ihrer Stunde die Regeln herleiten und begründen lassen.
möglichst kurz, klar und verständlich formuliert	So können sich die Schüler die Regeln gut merken.	Vermeiden Sie Fachbegriffe und lassen Sie die Regeln in Ich- oder Wir-Form formulieren.
positiv formulieren	So wissen die Schüler, was sie aktiv tun sollen.	Verbote sollen Handlungen verhindern, Gebote fordern zu Handlungen auf.
so wenig wie möglich, so viele wie nötig	So behalten die Schüler den Überblick.	Es kann sogar sein, dass in einer Stunde nur eine Regel im Mittelpunkt steht.

Kriterium	Begründung	Erläuterung
eindeutig und verbindlich formulieren	Die Regeln bieten keine Handlungsmöglichkeiten an, sondern verbindliche Handlungen.	Somit nicht Formulierungen wie „Wir wollen, sollen, werden", sondern Indikativ Präsens Aktiv: „Ich melde mich, wenn ich etwas sagen will."
keine Begründungen in der Formulierung	Die Regeln sind mit den Schülern begründet erarbeitet worden und brauchen so keine Begründung mehr.	Somit keine Formulierungen mit *weil, damit* usw.; die Begründungen sollen die Schüler als Fundament der Regeln kennen.
kritisierbar	Regeln sind keine Gesetze von Ewigkeit zu Ewigkeit, sondern müssen stets auf ihre Richtigkeit und Wichtigkeit hin überprüft werden.	Aber: So lange die Klasse die Regeln für richtig und wichtig hält, gelten sie für alle (!) Schüler der Klasse. Der einzelne Schüler kann die Gültigkeit nicht außer Kraft setzen.
veränderbar	Regeln können verändert oder modifiziert werden, weil sie sich im Alltag als untauglich erwiesen haben.	Von daher sollten die Regeln von Zeit zu Zeit in der Klasse auch evaluiert werden.

Folgende Kriterien sollten bei der **Einübung** der Klassenregeln beachtet werden:

Fokussierung	So können die Schüler ihre Aufmerksamkeit auf eine/ einige Regeln konzentrieren.	Hier könnte zunächst die Regel in den Mittelpunkt gestellt werden, an die sich die Schüler häufig nicht halten.
positive Verstärkung	Nichts ist wirkmächtiger als Erfolg.	Die Schüler können den Erfolg ihres Handelns im Unterricht selbst sehen.
stetige Wiederholung	Nur über die stetige Wiederholung gewinnt die Regel ihre „natürliche" Geltung und Selbstverständlichkeit.	Die Einübungsphase ist wie Training, in dem die einzelnen Regeln durch ständiges Üben internalisiert werden.
keine Sanktion	Während der Einübung soll Verlässlichkeit erst hergestellt werden.	Sanktionen setzen voraus, dass die Handlung schon eingeübt ist.

Folgende Kriterien sollten bei der **Durchsetzung** der Regeln beachtet werden:

Kriterium	Begründung	Erläuterung
konsequente Beachtung	Nur wenn Regeln konsequent eingefordert werden, gelten sie auch.	Jede bewusste Abweichung von der Regel weicht die Geltung der Regel auf und führt zu Unsicherheit.
positive Verstärkung	Nichts ist wirkmächtiger als Erfolg (gerade auch dann, wenn nach einer Regelverletzung der Schüler die Regel beachtet).	Die Schüler erleben so, dass sie selbst den Unterricht positiv gestalten.
Trennung zwischen Person und Regelverletzung	Eine pädagogische Grundforderung!	Die Regelverletzung und die negative Auswirkung auf das Lernen soll verhindert werden.
Sanktion	Wer Regeln nicht einhält, stört die Klasse oder auch sich beim Lernen.	Unbedingt auf die Angemessenheit der Sanktion achten. Am besten: vorher mit der Klasse absprechen.

Die Regeln und die Einhaltung der Regeln regelmäßig mit den Schülern evaluieren!

Entwicklungs- und Planungsgespräch mit Schülern

In (fast) jeder Klasse gibt es einen oder mehrere „schwierige" Schüler, die durch ihr Verhalten, besonders durch Unterrichtsstörungen, auffallen. Bevor Sie hier tätig werden, sollten Sie das Gespräch mit dem Klassenlehrer oder dem Klassenteam suchen, um zu überprüfen, ob Ihr Eindruck von den Kollegen geteilt wird. Manchmal ist es so, dass Schüler auch nur bei einem Lehrer oder in einem Fach negativ auffallen.

Bevor es bei diesen Schülern zu Verfestigungen des Verhaltens kommt, sollten Sie mit ihnen Entwicklungs- und Beratungsgespräche führen, am besten ohne den aktuellen Anlass einer Störung.

1. Ziel
Das vorrangige Ziel von Entwicklungs-/Beratungsgesprächen liegt darin, dem Schüler bei der Entwicklung seiner (schulischen, unterrichtlichen) Möglichkeiten über eine kooperative Beratung konstruktiv zu helfen.

2. Grundregeln
Aus diesem übergeordneten Ziel ergeben sich einige Regeln für das Gespräch, die unbedingt zu beachten sind:
— *Gegenseitigkeit:* Dieses Gespräch geht davon aus, dass Lehrer und Schüler sich auf Augenhöhe – als gleichberechtigte Partner – begegnen.
— *Ernsthaftigkeit:* Lehrer und Schüler führen dieses Gespräch so, dass ernsthaft Möglichkeiten entwickelt werden, aus denen der Schüler einen Nutzen ziehen kann.
— *Offenheit:* In diesem Gespräch wird nicht der Versuch gemacht, vorgefasste Vorstellungen durchzusetzen, sondern gemeinsame Vorstellungen zu entwickeln.
— *Vertrauen:* Lehrer und Schüler können davon ausgehen, dass sie ihre Erfahrungen, Wünsche und Bedürfnisse äußern können, ohne Sanktionen oder Veröffentlichungen fürchten zu müssen.
— *Verständigung:* Lehrer und Schüler unterstellen sich in allen Belangen den Ansprüchen einer verständigungsorientierten Kommunikation im Sinne Habermas'.
— *Interesse:* Lehrer und Schüler zeigen ihr Interesse an einem guten Gespräch dadurch, dass sie sich auf dieses Gespräch detailliert vorbereiten.

3. Durchführung
Bei der Durchführung achtet besonders der Lehrer darauf, dass eine partnerschaftliche, freundliche und verständigungsorientierte Kommunikation stattfindet. Nach der Begrüßung sollte das Gespräch folgende Phasen durchlaufen:

A: *Rückblick*
Der Schüler schaut auf seine Arbeit in den letzten Monaten zurück, auf das,
— was er geleistet hat,
— was ihm schwer gefallen ist,
— worüber er sich gefreut hat,
— worüber er sich geärgert hat,
— was ihm gefehlt, was er vermisst hat,
— was er erwartet hat,
— …

In diesem Bericht listet der Schüler alles auf, was ihm wichtig ist. Der Lehrer greift die vom Schüler aufgelisteten Merkmale auf, ergänzt sie aus seiner Perspektive (Wahrnehmung) und erläutert dabei seine Meinung (noch keine zielorientierte Kritik!)

B: *Analyse und Aufarbeitung*
In diesem Gesprächsteil geht es darum, aufgeworfene Fragen und Probleme gemeinsam zu analysieren, indem einerseits die Perspektive des Schülers aufgegriffen wird, andererseits aber auch die Sichtweise des Lehrers thematisiert wird, sodass gemeinsame wie unterschiedliche Interessen und Einschätzungen deutlich werden. Zielrichtung dieser gemeinsamen (!) Analyse ist es, Problem- und Handlungsfelder herauszuarbeiten, die im dritten Teil des Gespräches dann konkretisiert werden sollen.

C: *Entwicklung konkreter Handlungsmöglichkeiten*
Wenn die Problem- und Handlungsfelder herausgearbeitet worden sind, müssen sie nach ihrer Wichtigkeit bzw. Dringlichkeit bewertet und konkrete Aufgaben und Ziele vereinbart werden. Der Lehrer sollte geeignete Aufgaben benennen, die dem Schüler bei einer störungs-

freien Beteiligung am Unterricht helfen, z. B. andere Sitzordnung, bessere Beachtung des Schülers, häufigeres Feedback. Lehrer und Schüler vereinbaren einen konkreten Zeitraum der Einübung und Beobachtung und den Termin für das nächste Entwicklungsgespräch.

Finden diese Gespräche kontinuierlich statt, ergibt sich daraus die Chance, ein vertrauensvolles Verhältnis zwischen Lehrer und Schüler zu entwickeln.

Zielvereinbarungen

Die folgende Zielvereinbarung soll beispielhaft zeigen, wie die konkreten Handlungsmöglichkeiten zum Abschluss des Gesprächs festgehalten werden können. Zielvereinbarungen und Verträge mit Schülern sind in der pädagogischen Diskussion nicht unstrittig. Wir schlagen sie dennoch vor, weil sie nicht nur pädagogisch legitimiert, sondern auch häufig effektiv sind. Zielvereinbarungen (bzw. Verträge), die aus Entwicklungs- und Beratungsgesprächen resultieren, nehmen den Schüler als Ko-Subjekt seiner Erziehung ernst; denn ihm wird diese Zielvereinbarung nicht aufoktroyiert, sondern er formuliert sie gemeinsam mit dem Lehrer und verpflichtet sich, diese auch zu erfüllen. Der Lehrer seinerseits nimmt den Schüler als Subjekt wahr und erkennt an, dass dieser ernst genommen werden muss, obwohl er das Ziel der Erziehung noch nicht erreicht hat.

Zielvereinbarung

zwischen _____
            (Schüler)

und _____
        (Lehrer)

Ich und mein Lehrer haben in einem Entwicklungs- und Beratungsgespräch am _____ gemeinsam festgestellt, dass ich mein Verhalten im Unterricht verbessern möchte.
Insbesondere werde ich darauf achten, den Unterricht nicht durch unaufgefordertes Einsprechen oder durch störendes Beiseitesprechen negativ zu beeinträchtigen.

— Ich werde mich melden, wenn ich etwas sagen will, und ich werde warten, bis ich dran genommen werde.
— Ich werde am Unterricht aktiv und aufmerksam teilnehmen (sodass ich gar nicht mit meinem Nachbarn schwätzen kann).

Mein Lehrer wird mich, wenn ich mich nicht an diese Vereinbarung halte, kurz daran erinnern (mit einem Blick oder durch Namensnennung). Auch wird er mir wöchentlich ein kurzes Feedback geben.

_____
Ort/Datum

_____
(Unterschrift Schüler)   (Unterschrift Lehrer)

EVALUATION

Evaluation ist kein Zauberwort, mit dem alles gelöst werden kann, Evaluation ist aber auch kein Modebegriff, den man ruhig wieder schnell vergessen darf. Evaluation ist eine sehr gute Möglichkeit, sein Handeln zu optimieren und nachhaltig zu machen.

Wir möchten Sie anregen, Ihr Handeln tatsächlich zu evaluieren, indem Sie sich in regelmäßigen Abständen Rechenschaft über Ihr bisheriges Verhalten ablegen. Dazu brauchen Sie – bis auf das schriftliche Schülerfeedback – keine langen Befragungen, sondern nur eine bewusste und kritische Prüfung Ihrer Arbeitsschritte und der Ergebnisse.

1. Gehen Sie am Ende einer Unterrichtsreihe bzw. eines Vierteljahres die To-do-Listen noch einmal kritisch durch.
   — Welche dieser Arbeitsschritte haben sich bewährt?
   — Welche dieser Arbeitsschritte wollen Sie korrigieren? (Nehmen Sie Veränderungen vor.)
   — Gibt es Arbeitsschritte, die Ihnen fehlen? (Ergänzen Sie.)
   — Gibt es Arbeitsschritte, die für Sie überflüssig waren? (Streichen Sie.)
   Verändern Sie Ihre Liste so, wie Sie für sich die Arbeitsschritte anlegen wollen. Fixieren Sie diese To-do-Liste schriftlich.

   Sie können auch nur die Arbeitsschritte herausstellen, die Ihnen immer noch Schwierigkeiten machen, und diese bei der Planung und Durchführung des Unterrichts beachten und trainieren.

2. Überprüfen Sie nun den **WERKZEUGKASTEN:**
   — Welche Werkzeuge waren hilfreich?
   — Welche Werkzeuge waren überflüssig?
   — Welche Werkzeuge haben Sie verändert?
   — Welche Werkzeuge haben Sie ergänzt?

   Legen Sie für sich einen Ordner an, in dem Sie Ihre Werkzeuge (besonders die Checklisten) schriftlich dokumentieren. Sie sollten Ihre Werkzeuge auch auf Ihrem Rechner in einer Datei speichern, damit Sie später darauf zurückgreifen können.

3. Diese Evaluation hilft Ihnen in Ihrer schulischen Praxis nicht nur, bei zukünftigen Vorfällen Zeit zu gewinnen, sondern auch, beim nächsten Mal noch gezielter und professioneller Ihre Arbeit zu tun (Sie wissen jetzt, wo Schwierigkeiten entstehen könnten).

Wir wünschen Ihnen in Ihrem Unterricht viel Freude und einen guten Erfolg!
Wenn Sie uns Tipps oder Hinweise geben wollen, wie wir unseren „Erste-Hilfe-Koffer" noch verbessern können, freuen wir uns sehr! Schreiben Sie an:

Cornelsen Schulverlage GmbH
Redaktion Pädagogik
Mecklenburgische Str. 53
14197 Berlin